乡村教育发展丛书

中国教育科学研究院公益金项目
"循证视域下县级教师发展机构现状分析及提升对策（GYB202

U0574142

县级教师发展机构
专业能力提升研究

李 新 翠 ◎ 著

XIANJI JIAOSHI FAZHAN JIGOU
ZHUANYE NENGLI TISHENG YANJIU

北京师范大学出版集团
BEIJING NORMAL UNIVERSITY PUBLISHING GROUP
北京师范大学出版社

图书在版编目（CIP）数据

县级教师发展机构专业能力提升研究／李新翠著 .
北京：北京师范大学出版社，2025.3.--（乡村教育
发展丛书）.-- ISBN 978-7-303-30524-7

Ⅰ.G451.2

中国国家版本馆 CIP 数据核字第 2025LA4561 号

XIANJI JIAOSHI FAZHAN JIGOU ZHUANYE NENGLI TISHENG YANJIU

出版发行：北京师范大学出版社 https://www.bnupg.com
　　　　　北京市西城区新街口外大街 12-3 号
　　　　　邮政编码：100088

印　　刷：北京虎彩文化传播有限公司
经　　销：全国新华书店
开　　本：787 mm × 1092 mm　1/16
印　　张：7
字　　数：120千字
版　　次：2025年3月第1版
印　　次：2025年3月第1次印刷
定　　价：42.00元

策划编辑：伊师孟　路　娜　　　　责任编辑：路　娜　杨磊磊
美术编辑：李向昕　　　　　　　　装帧设计：李向昕
责任校对：陈　荟　宋　星　　　　责任印制：马　洁

前　言

习近平总书记指出："在我们党的组织结构和国家政权结构中，县一级处在承上启下的关键环节，是发展经济、保障民生、维护稳定、促进国家长治久安的重要基础。"在这一背景下，国家政策不断强化县级教师发展机构建设，从县域教育改革与发展的现状出发，着眼乡村振兴和教育强国建设总体战略的实现，突破县级教师发展机构的路径依赖，立足县域教育振兴的需要与目标，深入研究县级教师发展机构的历史、现状与未来。本书通过文献分析、历史分析、数据分析和案例分析，以期明确县级教师发展机构的历史变迁与总体现状、重点领域与先进典型、应然定位与未来走向等。

首先，通过理论分析，从供需双方把握教师专业发展的本质与规律，基于需求侧的分析把握县级教师发展机构作为专业发展供给侧的有效特征，厘清未来县级教师发展机构的职能定位、存在样态及实践模式。

其次，通过历史分析，挖掘县级教师发展机构的变迁历程及特定规律，分析不同历史阶段立足教育改革发展的战略重点和阶段特征、县级教师发展机构的存在样态及核心职能，以期明确县级教师发展机构与教育改革发展之间的历史关系，进而塑造面向未来教育高质量发展的县级教师发展机构的样态。

最后，通过实证分析，基于调查研究把握县级教师发展机构的实然，系统把握县级教师发展机构在促进教师发展方面的总体状况及突出问题，以期找到未来县级教师发展机构改革及优化的基点及着力点。此外，通过典型案例剖析，找到县级教师发展机构的先进样态，尤其从发展背景、改革历程、主要举措、突出成效以及未来展望等方面，既呈现优秀县级教师发展机构的静态状况，又挖掘其发展的动态过程，并了解其未来的发展思路，综合梳理出县级教师发展机构的优秀样态。

目　录

第一章　县级教师发展机构的研究现状

从已有研究来看，县级教师发展机构仍然存在定位不清、面临一定的困境以及亟须系统变革等问题。已有研究形成了从 20 世纪 90 年代前主要宣传其伟大的历史贡献，到 21 世纪前后二十年间痛惜其衰败和弱化，再到近十年以来分析发展对策和介绍先进实践样本，最终指向其转型发展的学术史。

县级教师发展机构的发展历程：新中国成立初期辉煌历史—新世纪前后危机重重—新时代以来转型发展。县级教师发展机构经历了新中国成立时期初创阶段、"文化大革命"时期的停办和改革开放初期复办阶段、20 世纪 90 年代后的转型阶段和 1999 年以来新的发展阶段。① 在不同的历史时期，县级教师发展机构呈现不同的实践样态，从多元并立到整合发展。② 2013 年，《教育部关于深化中小学教师培训模式改革全面提升培训质量的指导意见》的发布标志着"县级教师发展中心"开始取代"县级教师培训机构""县教师进修学校"。③ 发展的历程伴随着功能的转型：从补偿性的学历提升教育到满足素质教育实施和基础教育课程改革需要的继续教育，再到引领教师实现高素质发展的专业教育。④

① 吴飞，田奇述. 县级教师进修学校发展历史模式溯源[J]. 福建教育学院学报，2016(3)：113-115.

② 邵兴江，吴华. 区县教师进修学校的发展问题与改革路径[J]. 教育发展研究，2013(12)：58-62.

③ 赵建华，姚鹏阁. 信息化环境下教师专业发展的现状与前景[J]. 中国电化教育，2016(4)：95-105.

④ 宋为铭. 以人为本 从人着眼　通州市教师进修学校大力加强培训基地人才建设[J]. 继续教育，2004(2)：63.

第一节　县级教师发展机构的组织变革困境

2002 年，《教育部关于加强县级教师培训机构建设的指导意见》发布后，县级教师发展机构进入组织变革的时期，经历了内外多重困境。2013—2014 年，《中国教育报》集中发表《县级教师进修学校之痛》《进修学校莫变"退休学校"》《"怕痛"将再失发展良机》等一系列相关文章。从已有研究来看，县级教师发展机构面临定位不清、整合不到位、专业功能弱化等困境。

一、定位不清

一是名称之多凸显职能定位不清晰、需求分析不准确、规划制定不到位、培训能力不足的问题。教师发展中心、教师进修学校、县级教师培训机构、地方教师发展机构、县级教师教育机构等职能定位不清。①

二是组织性质定位不清，培训机构被"行政化"，如协助和参与县区教育局的检查督导等工作，或担负着一定的行政管理功能。②教师进修学校归县级教育局管理，教师教育活动都由县级教育局统一安排，培训任务、方式、课程、经费都由县级教育局统一管理，换汤不换药，虽然成立了新的教师发展机构，但功能和作用没有发生太大的改变。③

三是组织形态昭示被边缘化。或被合并，或被撤销，合并也存在多元方式，有与职业教育中心、党校合并的，有并入教育学院的，县级进修学校存在方式的多种多样，这反映出其自身定位模糊不清和培训职能的刚性

---

① 刘晓静. 教师进修学校的发展问题与改革路径[J]，教学与管理，2017(12)：25-28；李宝生. 县级教师培训机构研培能力建设存在的问题与对策研究——以黑龙江省为例[J]. 教育探索，2019(3)：83-87；徐伯钧. 我国地方教师发展机构建设研究——基于江苏省的实践探索[J]. 中国教育学刊，2020(6)：56-62；王志显. 新时代县级教师教育机构的发展与思考[J]. 中国教育学刊，2019(4)：53-56.

② 曹化清. "怕痛"将再失发展良机[N]. 中国教育报，2013-11-07.

③ 马永全. "治理"视域下"县级教师进修学校"发展路径建构[J]. 黑龙江高教研究，2015(12)：8-11.

不足。"不被关注或者被关注得很少""重要的二线学校",是目前县级进修学校在当地教育系统中的地位现状。①

二、整合不到位

把几家单位合并在一起是容易的,然而,没有理念的更新、没有综合能力的提升、没有内部机构的创新、没有具备综合素养的师资队伍,把相关职能融合便十分艰难。县域内职能接近的机构交叉培训现象较多,如教师进修学校、教研室、教科所(室)、电教馆(科)等都是为中小学教师专业水平提升服务的,多年来一直分设,各自开展听课、评课、聘请专家讲座、教科研成果评比、课题申报等活动。有些县域教师培训机构尽管合并了,却没有实质性地整合资源,造成重复培训,甚至在一定程度上干扰了基层学校和教师的正常工作。

三、专业功能弱化

多元证据指向教师进修学校的专业功能弱化。一是理论化培训,不深入一线,没有发挥好上承下连的作用。② 教师进修学校夹在理论和实践的空心层,出现了培训知识老化、培训能力不足、培训模式单一、培训内容功利化和应试化等问题。③ 二是职责泛滥,主要体现为承担进城务工人员培训,承担中师课程,作为调研员进校调研等。三是主责偏废,如与职校合并的教师发展中心,主责偏向职业教育。郑新蓉等人认为县级教师进修学校存在培训内容重理论、轻实践,培训方法单一、陈旧,培训活动缺乏连续性,培训效果缺乏监测的问题。④ 任海波也指出,教师进修学校中存在培

———————————

① 吴惠强. 全员培训背景下的县级进修学校培训能力分析——以浙江省 J 市为例[J]. 教育研究,2015(6):145-150.

② 刘晓静. 教师进修学校的发展问题与改革路径[J]. 教学与管理,2017(12):25-28.

③ 朱旭东. 论我国农村教师培训系统的重建[J]. 教师教育研究,2011(6):1-8.

④ 郑新蓉,黄力. 县级教师进修学校:新形势下的职能新定位[J]. 人民教育,2007(5):26-29.

训规划缺失的问题。除此之外,需求分析不准、培训能力不足等都制约着教师进修学校的发展。① 马用之等人指出,教师进修学校还存在培训与需求脱节、教研与培训分离,理论与实践分离、理念与行动相背离的尴尬处境。② 吴惠强针对浙江省J市的调查发现,县级进修学校的培训与中小学实际有一定的距离,培训效果处于及格水平,同时还存在培训课程标准滞后、学员群体学习动力不足、培训者成人教育理论素养不够等问题。③

总之,各地县级教师发展机构建设情况不一,机构定位、功能各不相同,人员力量不足,专业发展通道不畅,专业性不强,素质有待提高,保障经费不足,组织培训质量不高,在统筹规划县域内教师专业发展方面更是存在较大短板。④

第二节 县级教师发展机构的组织变革思路

有些研究通过案例分析的方式提出加强县级教师发展机构建设的对策建议。

一、进一步明确职能定位

有研究认为,首先要明确县级教师发展机构的功能,如开展教师全员教育、提供继续教育资源服务、组织教育教学研究和进行义务教育质量监

① 任海波. 教师进修学校发展中存在的问题与改革路径[J]. 中国成人教育, 2017(16):72-75.
② 马用之,伍娉娉,武丽志. 基于问题的订单式教师研修模式探析——教师进修学校的新视角[J]. 中小学教师培训,2015(4):26-30.
③ 吴惠强. 全员培训背景下的县级进修学校培训能力分析——以浙江省J市为例[J]. 教育研究,2015(6):145-150.
④ 教育部教师工作司. 立足新阶段 贯彻新理念 加快构建高质量教师发展体系[J]. 教师发展研究,2021(2):1-7.

控与测评。① 徐伯钧认为,地方教师发展机构具有五项功能:教师发展规划研究、教师发展政策研究、教师教育课程建设、区域骨干教师培养、教师教育协调管理。② 侯超认为,县级教师发展机构应组建四大重要职能部室,即教研培训部、科研培训部、干部教师培训部和教育信息技术培训部,实行中小学(幼儿)教师继续教育一站式服务,促进教师高质量专业化发展。③

郑新蓉等人提出县级教师进修学校应从管理职能、培训职能、研究职能、服务职能上重新定位。④ 王宏伟等人提倡对教师进修学校进行品牌形象设计,借鉴企业中的 CIS 模式,增强学校的竞争力和影响力。⑤ 左长旭认为应构建"科研、教研、培训、信息"四位一体的模式来提升区县级教师培训机构的内涵品质。⑥ 邵兴江、吴华从教师进修学校的内生性和外源性两个层面指出学校的发展困境,提出要重构学校的发展定位,通过加强顶层设计、完善学校结构功能、提升学校服务水平来突破困境。⑦ 马永全认为在"治理"视域下,县级教师进修学校应在完善学校结构功能、明晰各主体责任和构建对话的培训空间等方面进一步完善。⑧ 张茂聪、李拉认为,建构合理的县域基础教育教师培训体系应从调整管理结构、加大经费投入、完善培训网

① 王志显. 新时代县级教师教育机构的发展与思考[J]. 中国教育学刊,2019(4):53-56.

② 徐伯钧. 我国地方教师发展机构建设研究——基于江苏省的实践探索[J]. 中国教育学刊,2020(6):56-62.

③ 侯超. 关于研制《新时代县级教师发展机构建设标准》的思考[J]. 吉林省教育学院学报,2021(9):62-65.

④ 郑新蓉,黄力. 县级教师进修学校:新形势下的职能新定位[J]. 人民教育,2007(5):26-29.

⑤ 王宏伟,郑彩国. CIS 与县级教师进修学校的品牌形象设计[J]. 中小学教师培训,2006(2):19-22.

⑥ 左长旭. 以"四位一体"提升区县级教师培训机构内涵品质——以南京市玄武区教师进修学校为例[J]. 上海教育科研,2013(8):78-79.

⑦ 邵兴江,吴华. 区县教师进修学校的发展问题与改革路径[J]. 教育发展研究,2013(12):58-62.

⑧ 马永全. "治理"视域下"县级教师进修学校"发展路径建构[J]. 黑龙江高教研究,2015(12):8-11.

络、构建培训模式四个方面入手。①

二、进一步理顺体系地位

明确县级教师发展机构在整个教师发展体系中的定位，特别是在"国培计划"大力实施的情况下，县级教师发展机构成为上联高校、下联中小学的区域性教师学习和资源服务中心。重视县级教师发展机构的建设，等于为中小学教师专业发展创设制度环境、实践环境和舆论环境。② 县级培训机构要给高校下县试点示范培训以组织服务，辅助高校完成前期的跟踪指导，承担后续的跟踪指导任务，成为培训效果转化的支持机构。③ 县级教师进修学校应该具备管理、培训、研究和服务职能。④ 县级教师发展机构建设需要重视如下几个问题：强化政府责任、加强基础条件建设、加强队伍建设和构建开放的办学体系。⑤

三、多举措提升专业能力

县级教师发展机构采用"以评促建、以训赋能、以研深化"的思路，通过制定发展性建设标准，设计引领教师发展的培养项目，实施示范性教师培训活动，开展教师发展问题研究，加强教师发展机构内涵建设。⑥ 各地教

---

① 张茂聪，李拉. 均衡与发展：县域基础教育教师培训体系的合理构建[J]. 当代教育科学，2007(19)：30-33.

② 吴惠强. 全员培训背景下的县级进修学校培训能力分析——以浙江省 J 市为例[J]. 教育研究，2015(6)：145-150.

③ 宋岭. "国培计划"跟踪指导的现实困境与突破[J]. 教师教育研究，2018(3)：33-38.

④ 郑新蓉，黄力. 县级教师进修学校：新形势下的职能新定位[J]. 人民教育，2007(5)：26-29.

⑤ 侯超. 关于研制《新时代县级教师发展机构建设标准》的思考[J]. 吉林省教育学院学报[J]. 2021(9)：62-65.

⑥ 徐伯钧. 我国地方教师发展机构建设研究——基于江苏省的实践探索[J]. 中国教育学刊，2020(6)：56-62.

师进修学校纷纷进行整合，构建"研培一体化"新机制①，"四位一体"提升内涵品质②，发展新型的现代教师培训机构③。

综合现有相关研究可以看出，现有研究具有以下特征：

从研究者和研究机构来看，多为各个县级教师发展机构的个体，极少具有统领性的高校或教育科研机构开展深入的研究，不同机构、作者相互之间缺乏有效的合作，高水平学术成果较少，尚未形成具有一定学术影响力的研究团队。

从研究角度来看，绝大多数研究仅从县级教师发展机构本身出发，而未能站在国家、省级、市级、县级和校级五级教师发展体系的角度，以及未能站在教师专业发展的需要和教师专业发展规律的角度考虑县级教师发展机构的定位、职责使命和组织架构等。

从研究主题来看，从个体经验介绍到地区经验介绍，从单纯的经验介绍到基于一定经验的理论分析，研究者的关注点也大多在江苏、浙江等地的县级教师发展机构的办学经验宣传上，理论研究成果较少。

从研究范式来看，研究者大多基于个体的工作经验来探讨县级教师发展机构在转型期间所面临的问题和改革路径，研究成果多为理论探讨，缺乏有数据支撑的实证研究成果，且研究对象大多局限于一县（区）一校，缺乏对于一个地区乃至全国的县级教师发展机构的调查研究与制度研究，难以形成较有说服力的政策建议。

从研究结论来看，研究者大多将目光聚焦于县级教师发展机构所面临的历史困境，并提出了一系列宏观概念，如加强顶层设计、加大资金投入、优化资源配置等，而对县级教师发展机构如何主动出击、应对挑战的关注较为缺乏。

---

① 刘志强. 进修学校"研培一体化"新体制的构建与运行——以林口县教师进修学校为例[J]. 牡丹江教育学院学报，2013（3）：71-72.

② 左长旭. 以"四位一体"提升区县级教师培训机构内涵品质——以南京市玄武区教师进修学校为例[J]. 上海教育科研，2013(8)：78-79.

③ 徐钟灵，孔祥沛. 多功能 多模式 多角色 强师资——新型县级教师培训机构发展模式个案分析[J]. 中小学教师培训，2014(10)：16-19.

第二章　县级教师发展机构的历史变迁

县级教师发展机构是指现行"以县为主"基础教育管理体制背景下的承担县域在编教师在岗继续教育职能的组织机构。政策及有关文件中提到的"教育学院""教育中心""教育教学研究与教师培训中心""教师学习与资源中心""教师进修学校""教师发展研究中心""区县教师培训机构"等均应作为检索词，本研究则将各区县有关教师培养培训的机构统一定义为"县级教师发展机构"。

县级教师发展机构是我国现代教师教育体系的重要组成部分，同时也是教师培训体系的基础组成部分，在中小学教师全员培训尤其是农村教师培训中发挥着核心作用。改革开放以来，以"教研室""教育学院""教师进修学校"为代表的县级教育研究、教师培训机构在不同历史时期完成了不同的任务使命，对提升广大中小学教师的专业素质、学历水平和提高中小学教育教学水平产生了重要的历史和现实意义。基于政策（见表 2-1），梳理县级教师发展机构的历史轨迹，有利于更全面地了解其产生的历史背景、发展规律以及今后的发展方向。

表 2-1 县级教师发展机构政策汇总表

序号	发文年份	政策名称	发文部门	机构命名	功能定位	政策要求
1	1980	关于进一步加强中小学在职教师培训工作的意见	教育部	县级教师进修学校	师范教育体系重要组成部分；中等师范学校	培训小学的在职教师和行政干部，有条件的，根据实际需要也可以承担一部分初中的在职教师和行政干部的培训工作
2	1986	关于加强在职中小学教师培训工作的意见	国家教委	县级教师进修学校	社会主义教师教育体系的组成部分；学历补偿	中小学和农职业中学教师职后继续教育
3	1999	关于师范院校布局结构调整的几点意见	教育部	教师培训机构	承担小学教师继续教育任务，并作为中学教师继续教育工作辅导站	部分中师可改为教师培训机构；每县要办好 1 所教师进修学校；与当地教研机构、电教机构、教育科研机构通过联合、合作或合并，建成本地区在教学、信息资料、实验、教育技术、教育科学研究等方面具有指导作用的教育中心
4	2001	关于开展基础教育新课程师资培训工作的意见	教育部	县级教师培训机构	增强中小学教师继续教育的活力	特别要注重加强县级教师培训机构建设
5	2002	教育部关于加强县级教师培训机构建设的指导意见	教育部	县级教师培训机构	基础设施和组织保障；重要组成部分；重要阵地；工作站或教学点	继续教育工作的培训、研究和服务中心；教师教育政策咨询和指导中心；指导教学实践；提供信息技术和现代教育技术的服务

序号	发文年份	政策名称	发文部门	机构命名	功能定位	政策要求
6	2004	教育部关于进一步加强基础教育新课程师资培训工作的指导意见	教育部	县级教师培训机构	教师教育体系中的重要联系纽带、"教师教育网络联盟"的基础支撑机构、农村教师远程教育的工作站和教学点	整合资源，优化配置，就近提供支持和服务
7	2004	教育部关于加快推进全国教师教育网络联盟计划，组织实施新一轮中小学教师全员培训的意见	教育部	县级教师培训机构	教师培训的组织、协调、指导、管理和服务	整合资源，优化资源配置，形成县级教师学习与资源中心
8	2005	教育部关于开展示范性县级教师培训机构评估认定工作的通知	教育部	县级教师培训机构		详细评估标准
9	2008	关于对示范性县级教师培训机构进行备案的通知	教育部	县级教师培训机构	区域性教师学习与资源中心	国家级远程培训计划
10	2011	教育部关于大力加强中小学教师培训工作的意见	教育部	县级教师培训机构	区域性教师学习与资源中心，集中培训、远程培训和校本研修	资源整合、基础能力建设、区域性教师学习与资源中心、组织协调、服务支持
11	2011	教育部办公厅关于开展示范性县级教师培训机构评估认定工作的通知	教育部办公厅	县级教师培训机构		详细评估标准

续表

序号	发文年份	政策名称	发文部门	机构命名	功能定位	政策要求
12	2012	国务院关于加强教师队伍建设的意见	国务院	县(区)域教师发展平台		规范建设
13	2013	教育部关于深化中小学教师培训模式改革全面提升培训质量的指导意见	教育部	县级教师发展中心	全员培训的规划设计、组织实施和服务指导	整合资源,建设县级教师发展中心
14	2015	国务院办公厅关于印发乡村教师支持计划(2015—2020年)的通知	国务院办公厅	县级教师发展中心		建立乡村教师校长专业发展支持服务体系
15	2016	教育部办公厅关于印发乡村教师培训指南的通知	教育部办公厅	县级教师发展中心(培训教研机构)		资源整合、完善支持服务体系
16	2018	中共中央 国务院关于全面深化新时代教师队伍建设改革的意见	中央办公厅、国务院办公厅	县级教师发展机构		建设与改革
17	2018	教育部等五部门关于印发《教师教育振兴行动计划(2018—2022年)》的通知	教育部等五部门	县级教师发展机构	培训乡村教师	整合教师培训机构、教研室、教科所(室)、电教馆的职能和资源

续表

序号	发文年份	政策名称	发文部门	机构命名	功能定位	政策要求
18	2021	教育部 财政部关于实施中小学幼儿园教师国家级培训计划（2021—2025年）的通知	教育部、财政部	县教师发展机构	人工智能与教师培训融合	建立基于大数据的教师专业发展测量与评估机制；打造教师培训专家库；专业化建设
19	2022	教育部等八部门关于印发《新时代基础教育强师计划》的通知	教育部等八部门	县级教师发展机构	现代教师教育体系纽带	建强县级教师发展机构；师资培养供给

第一节　恢复重建时期(1977—1989年)

一、以过教材教法关、文化补习为培训重点的恢复重建时期

1977年10月，教育部召开全国中小学师资培训工作座谈会，会议指出，除努力发展和积极办好师范教育外，要采取强有力的措施，尽快地、切实地抓好在职培训工作，用极大的努力，提高教师政治、文化业务水平。这是当务之急，是一项关系到实现四个现代化的具有战略意义的重要任务，还提出"县(旗)可建立教师进修学校"。在党和国家的关怀和重视下，教育部于1978年颁发了《关于恢复或建立教育学院或教师进修学院报批手续的通知》，各地陆续恢复或建立了各级教师进修院校。

1980年，教育部召开全国师范教育工作会议，会后国务院批转并颁发了《关于进一步加强中小学在职教师培训工作的意见》。该《意见》指出："教师进修院校承担着中小学在职教师的终身教育的责任，它是我国师范教育

体系中的重要组成部分……各级进修院校应有明确分工。省、地(市)教育学院、教师进修学院的任务主要是培训中学的在职教师和行政干部。县教师进修学校的主要任务是培训小学的在职教师和行政干部，有条件的，根据实际需要也可以承担一部分初中的在职教师和行政干部的培训工作。"文件指出："凡是按照规定手续批准建立的省级教育学院或教师进修学院，相当于师范学院；地(市)级教育学院或教师进修学院，相当于师范专科学校(有些省辖市的教师进修学院，担负培训高中教师任务的，相当于师范学院)；县级教师进修学校，相当于中等师范学校，分别享有同等的地位和待遇。"该《意见》是我国首次对各级教师培训机构的性质、地位和任务进行明确阐述的文件，同时指出县级教师进修学校的主要任务是培训小学的在职教师和行政干部，有条件的，根据实际需要也可以承担一部分初中的在职教师和行政干部的培训工作。公社培训站应在县级教师进修学校的指导下，做好本公社小学在职教师的培训工作。

为了尽快改变中小学师资队伍文化业务水平偏低的现状，各级教育行政部门应认真制定或调整中小学在职教师的培训规划，明确培训目标和要求，有领导、有计划、有步骤地抓好这项工作；制定和调整规划，深入调查研究，切实弄清教师文化业务水平的现状，从实际出发，分类指导，根据"教什么，学什么""缺什么，补什么"的原则，把长远的文化、专业知识的系统学习和搞好当前教学工作的教材教法学习结合起来，做到层层有培训规划，人人有进修计划，不重复不遗漏。这一时期教师培训的特点是缺什么，补什么，先过教材教法关，再系统进修文化专业知识。[1]

国家对中小学教师培训规范化提出的要求，促进了各级教师培训机构的发展。中共中央和教育部在这个时期颁发的文件或召开的教育工作会议正确分析了当时中小学教师队伍存在的问题，明确了各级教师培训机构的性质、任务和发展方向，为各级教师培训机构逐步走上正轨和进一步发展奠定了良好的基础。

---

[1]　张布和，燕学敏. 中小学教师培训40年成就与经验[N]. 中国教师报，2018-12-26.

二、以学历补偿为培训重点的初具规模时期

1983 年，为进一步普及基础教育，教育部颁布了《关于加强小学在职教师进修工作的意见》，提出"用 3—5 年时间，使小学教师的绝大多数文化水平达到中师毕业程度，并完全胜任教学工作"。我国中小学教师培训的重点转移到学历达标上。由于县级教师进修学校复办之初的主要工作是解决中小学师资的基本素质问题，因而对在职中小学教师进行初、高中文化知识补习和学历补偿等成了当时县级教师进修学校的主要工作。由此可见，这种工作职能定位和当时我国中小学教师职前学历层次低、文化素质有缺漏的现实是分不开的。至此，县级教师进修学校的主要职能转移为"在职培训、文化补习、学历补偿、师范函授"。

1986 年，国家教育委员会颁发《关于加强在职中小学教师培训工作的意见》，对中小学在职教师继续教育工作做了总体要求和安排，指出"在今后五年或者更长一点时间内，师资培训工作的重点，是通过认真的培训，使现有不具备合格学历或不胜任教学的教师，绝大多数能够胜任教学工作，并取得考核合格证书或合格学历。……教师进修院校（包括教育学院、教师进修学院和教师进修学校）承担中小学和农职业中学教师职后继续教育的重任……办学要体现师范、在职、成人教育的特点，不要向全日制师范院校看齐"。自此教师进修院校进入了发展新时期。培训内容包括学历补偿教育、学历层次提高教育，以及教研、科研和干训等继续教育；培训形式包括在职业余培训、脱产进修、短期轮训、广播教学，以及函授等；培训对象包括中小学教师全员、骨干教师等。[①]

鉴于当时的师资状况，迅速提高教师队伍的教学能力是重中之重。经过十余年的教材教法过关和学历补偿培训，整个中小学教师队伍的学历得到了补偿，文化水平和专业技能也得到了一定程度的提高。通过对教师的大规模培训，不具备合格学历或不胜任教学的教师，绝大多数能够胜任教

---

① 温寒江. 师资培训概论[M]. 北京：北京师范大学出版社，1989.

学工作，并取得考核合格证书或合格学历。20 世纪 80 年代以来，随着师范教育规模的扩大和中小学教师学历达标率的提高，小学教师基本达到中师学历，初中教师基本达到大专学历，教师学历补偿教育工作到 20 世纪 90 年代末基本结束。①

这一时期的县级教师进修学校，伴随着基础教育的快速发展，迅速成长壮大，办学条件得到极大改善，办学水平不断提高，成为广大小学教师完成学历达标任务，接受专业培训，提高教育教学水平的不可或缺的主要基地。

第二节 蓬勃发展时期(1990—1998 年)

一、学历补偿与继续教育并举

随着师范教育规模的扩大和中小学教师学历达标率的不断提高，以学历补偿为重点的历史时期接近尾声。随着经济社会的发展和教育改革的发展，国家对教师的要求逐渐从"量"转向"质"。教师专业化的理念更是明确了教师作为专业人员需要具备专业的知识和技能，也就需要专业的培养和培训。原有以学历补偿为主的县级教师进修难以适应这一新形势，因此其作用不断被淡化，功能不断被弱化，不少进修学校陷入被合并或被撤销的境地。

教师职后培训是提升教师专业素养的重要途径这一观点，成为教育决策界和学术界的共识。如何面向教师开展有针对性的培训，如何将高校资源与一线实践有效联结，以更好地满足教师教育教学的实际需求，这些问题和思考便现实地转化为各种行动性实践和实验，事实上也给了县级教师进修学校转型的机会。在转型过程中，县级教师进修学校首先突破的是新

---

① 温寒江. 师资培训概论[M]. 北京：北京师范大学出版社，1989.

教师培训，1991 年之后，每一届新入职的教师均需参加新教师见习期培训。1995 年之后，随着教师职称评聘的规范化，教师岗位培训相继展开；之后骨干教师培训也成为县级教师进修学校的重要任务。①

二、岗位培训、提高学历层次培训融入继续教育内涵

九年义务教育的全面实施，对中小学教师和学校行政管理干部的任职条件和岗位能力提出了新的要求。面对基础教育改革与发展的新挑战，县级教师进修学校的工作重点开始转向中小学教师和学校行政管理干部的继续教育，以及中小学教师的提高学历层次培训。1996 年，第五次全国师范教育工作会议召开。会议对过去开展的教师继续教育工作进行了总结和肯定，并提出，在学历补偿教育基本完成之后，要不失时机地把中小学教师培训转移到继续教育上来。这次会议是我国开展中小学教师继续教育的一个重要转折点，标志着我国中小学教师继续教育开始走向全面快速发展的新时期。

三、逐步形成以县级教师进修学校为主渠道的多元化继续教育形式

这一时期教师继续教育开始出现多元化发展的趋势。教育行政部门开始发挥师范院校和广播、电视、电化教育机构以及社会各方面力量的作用，举办多层次、多形式的继续教育，但县级教师进修学院仍然是开展继续教育的主渠道。当时县级教师进修学校在同时并存的业务培训和学历进修两个方面都获得了长足的发展。

---

① 吴飞，田奇述. 县级教师进修学校发展历史模式溯源[J]. 福建教育学院学报，2016(3)：113-115.

第三节　负重转型时期(1999—2017 年)

一、整合后机构建设方向和专业能力面临历史性抉择和挑战

1999 年之后，随着素质教育和新课程改革的实施，县级教师进修学校的工作内容发生了质的变化。教育部印发的《关于师范院校布局结构调整的几点意见》指出，部分中师可改为教师培训机构，每县要办好 1 所教师进修学校，各级教师培训机构可与当地教研机构、电教机构、教育科研机构通过联合、合作或合并，建成本地区在教学、信息资料、实验、教育技术、教育科学研究等方面具有指导作用的教育中心。新的教育问题、新的教育理念、新的教学模式，对教师职后教育提出了新的要求。教师培训重心下移意味着县级教师培训机构将承担更重的任务。这种新变化的出现，必然使得教师进修学校在工作定位、工作职能和工作任务等方面做出相应的调整。此阶段，县级教师培训机构的生存和发展受到了挑战，原有师资难以适应新时期教师全员培训工作的需要。于是，一些地方县级教师培训机构将县域内的教科所和教研室等并入，向具备培训、教研、科研甚至电化教育等多种功能的培训机构转变。

进入 21 世纪，教师教育体系进行了结构性调整，随着一批非师范院校被允许开展教师教育，原有的教师培训体系开始解体。我国先后印发了《教育部关于进一步加强基础教育新课程师资培训工作的指导意见》《教育部关于加快推进全国教师教育网络联盟计划，组织实施新一轮中小学教师全员培训的意见》《全国教育系统干部培训"十一五"规划》《全国中小学班主任培训计划》等文件。按照《面向 21 世纪教育振兴行动计划》的要求，教育部于1999—2003 年组织实施"中小学教师继续教育工程"，开展中小学教师岗位培训、骨干教师培训。《2003—2007 年中小学教师全员培训计划》提出，坚持"面向全员、突出骨干、倾斜农村"的方针，以新理念、新课程、新技术

和师德教育为重点，组织实施新一轮中小学教师全员培训。这使得以中等学历教育和培训为主要工作内容的县级教师培训机构极为不适应。

二、进入以提高教师整体素质为目标的继续教育新阶段

2002 年，《教育部关于加强县级教师培训机构建设的指导意见》指出："当前，义务教育阶段教师学历达标任务基本完成，中小学教师培训工作已逐渐转入以提高教师整体素质为目标的继续教育的阶段。""要按照小实体、多功能、大服务的原则加强县级教师培训机构建设。积极促进县级教师进修学校与县级电教、教研、教科研等相关部门的资源整合与合作，优化资源配置，形成合力，努力构建新型的现代教师培训机构。"该《意见》明确强调"必须进一步加强县级教师培训机构建设，使县级教师培训机构成为广大农村中小学教师终身学习和提高专业水平的重要阵地"，"成为本地区开展中小学教师继续教育工作的培训、研究和服务中心"，从而"为本地区中小学校开展校本培训和日常教学提供信息技术和现代教育技术的服务，为通过现代远程教育手段开展教师继续教育提供帮助和支持"。新时期县级教师培训机构进入以全面提高综合素质、适应基础教育新课程改革、全面推进素质教育和提高教育质量为主要目标，以各种专项培训为主要内容的教师继续教育新阶段。

三、"上挂下联""资源整合"为县级教师发展机构的建设和发展指明方向

2004 年，《教育部关于加快推进教师教育网络联盟计划，组织实施新一轮中小学教师全员培训的意见》为县级教师培训机构的发展提供了政策支持，新课程改革工作进入全面推广阶段，到 2005 年，中小学阶段各起始年级原则上都使用新课程。包含县级教师培训机构在内的各级教师进修院校在组织新课程教师培训、加强新课程教学科研和推进新课程改革进程中发挥了不可替代的作用。

2005 年，《教育部关于开展示范性县级教师培训机构评估认定工作的通

知》颁布，以推进实施教师网联计划，构建现代教师学习体系，加强县级教师培训机构能力建设。这一系列指导性意见为各县教师进修学校的发展提供了政策，指明了方向，明确了任务。县级教师进修学校与时俱进，调整办学方向，重组机构设置，适应了新时期开展中小学教师继续教育的需要，适应了基础教育改革与发展的需要，在困境和挑战中得以继续发展。

同年，《教育部关于进一步加强基础教育新课程师资培训工作的指导意见》明确提出，要"建立新课程优质培训资源共建共享机制"，"积极整合县级教师培训、教研、电教等相关部门资源，优化教师培训资源配置"。《教育部关于开展示范性县级教师培训机构评估认定工作的通知》指出，2005—2007年间在全国范围内评估认定150所左右示范性县级教师培训机构。在总结全国中小学继续教育成功经验的基础上，我国从2008年开始实施中小学教师国家级培训计划。

2011年，《教育部关于大力加强中小学教师培训工作的意见》强调，要"充分发挥区县教师培训机构的服务与支撑作用。积极推进区县级教师培训机构改革建设，促进县级教师进修学校与相关机构的整合和联合，加强县级教师培训机构基础能力建设，促进资源整合，形成上联高校、下联中小学的区域性教师学习与资源中心，在集中培训、远程培训和校本研修的组织协调、服务支持等方面发挥重要作用。"在2002—2012年这十年间教育部颁发多个文件强调，要加强县级教师培训机构整合，规范建设县级教师专业发展平台，优化资源配置，这成为县级教师培训机构改革的方向。

四、县级教师发展中心成为规范化的县级教师专业发展平台

2013年，《教育部关于深化中小学教师培训模式改革全面提升培训质量的指导意见》指出："各地要依托现有资源，加快推进县级教师培训机构与教研、科研和电教等部门的整合，建设县级教师发展中心，发挥其在全员培训的规划设计、组织实施和服务指导等方面的功能。"该文件的颁布标志着"县级教师发展中心"将取代"县教师进修学校""县教师培训机构"等，成为规范化的县级教师专业发展平台。2015年，国务院办公厅印发《乡村教师

支持计划(2015—2020 年)》,提出"整合高等学校、县级教师发展中心和中小学校优质资源,建立乡村教师校长专业发展支持服务体系"的要求,明确将建立"县级教师发展中心"写入国家级文件,体现了国家对于县级教师发展中心的重视。同年,《教育部 财政部关于改革实施中小学幼儿园教师国家级培训计划的通知》提到,"高等学校须整合校内培训资源,并建立与县级教师发展中心、优质中小学幼儿园的合作机制"。通过国家颁布的关于教师培训的文件可以看出,高度重视教师队伍建设,整合县级教师培训机构,建设县级教师发展中心是我国县级教师培训机构改革的方向和趋势。

第四节　持续攻坚发力时期(2018 年至今)

一、"研训一体"为地方教师发展机构建设顶层设计注入灵魂

2018 年,《中共中央 国务院关于全面深化新时代教师队伍建设改革的意见》指出:"建立健全地方教师发展机构和专业培训者队伍,依托现有资源,结合各地实际,逐步推进县级教师发展机构建设与改革,实现培训、教研、电教、科研部门有机整合。"教育部等五部门印发的《教师教育振兴行动计划(2018—2022 年)》明确提出:"加大对师范院校的支持力度,不断优化教师教育布局结构,基本形成以国家教师教育基地为引领、师范院校为主体、高水平综合大学参与、教师发展机构为纽带、优质中小学为实践基地的开放、协同、联动的现代教师教育体系",进一步要求"制定县级教师发展中心建设标准。以优质市县教师发展机构为引领,推动整合教师培训机构、教研室、教科所(室)、电教馆的职能和资源,按照精简、统一、效能原则建设研训一体的市县教师发展机构,更好地为区域教师专业发展服务"。这些构成了地方教师发展机构建设的顶层政策设计。

二、以打造专业化教师发展体系、提高教师专业化能力为发展方向

2021 年，《教育部等六部门关于加强新时代乡村教师队伍建设的意见》要求各地积极构建省、市、县教师发展机构、教师专业发展基地学校和名校（园）长、名班主任、名教师"三名"工作室五级一体化、分工合作的乡村教师专业发展体系。同年，《教育部 财政部关于实施中小学幼儿园教师国家级培训计划（2021—2025 年）的通知》指出，支持有条件的地方、高校和机构探索"智能＋教师培训"，建立基于大数据的教师专业发展测量与评估机制，持续打造省市县三级教师培训专家库。2022 年，教育部等八部门印发《新时代基础教育强师计划》指出："通过建立标准、项目拉动、转型改制等举措，推动各地构建完善省域内教师发展机构体系，建强县级教师发展机构及培训者、教研员队伍。"教育部教师工作司将"研制加强市县教师发展机构建设的指导意见，打造区域教师发展支持服务体系"作为 2022 年度工作要点之一。

第三章　县级教师发展机构专业能力现状

本章以服务对象的视角，通过问卷调查的方式考察县级教师发展机构的专业能力，以期获得县级教师未来发展的实证证据。

第一节　实证证据获取

本节主要从研究工具和研究对象两个方面呈现实证数据的获取方式和路径。

一、研究工具

已有大量研究表明，决定教师培训质量和效果的关键因素是培训本身的特征，特别是其结构特征和内容特征，以及教师参加培训的动机。

本研究在大量文献研究的基础上，自编中小学教师培训状况调查问卷，具体包括五个维度（见表 3-1）。结果显示，培训特征、培训动机、培训收获、培训期待、培训评价五个维度的内部一致性系数分别为 0.92、0.76、0.97、0.94、0.85，总体内部一致性系数为 0.97，五个维度的分半信度分别为 0.89、0.95、0.93、0.88、0.83，具有良好的信度。

表 3-1 中小学教师培训状况调查问卷维度

维度	指标及内涵	题目
培训特征	结构特征：培训的持续性、培训前的参与和了解、培训中的互动和合作、培训后的跟踪和指导	5、6、7、8、9、10、11
	内容特征：聚焦学生、指向实践、激活经验、激发动机	2、3、4、12、13、14、15、16
培训动机	内部动机：更好地开展教学、加强同伴联络、增强专业自主性	17、18、19
	外部动机：服从学校安排、完成学分要求	48、49
培训收获	反应层：喜欢、有用	20、21、22
	学习层：应用所学、教学实践、学生发展、解决问题	30、31、32
	实践层：有效应用和推广、促进学生发展和进步	23、24、25
	结果层：实现发展	26、27、28、29
培训期待	结果期待：指明方向、激发洞察力、给予知识支持、解决具体问题	33、34、35、36
	过程期待：互动交流	37、38、39
培训评价	培训机构：专业化水平	40
	培训结构：嵌入工作场域、持续性、被动学习	41、42、43
	培训内容：以通识性知识为主、培训内容逻辑性不强	44、45
	培训效果：对具体教育教学工作、对整个教育教学实践的作用	46

二、研究对象

本研究通过重点委托的方式，以问卷星为技术平台，在全国范围内收集 72086 位教师的数据，样本在各省的具体情况如表 3-2 所示。

表 3-2　中小学教师培训状况调查对象基本情况

基本情况		数量（人）	占比（%）
性别	男	22907	31.8
	女	49179	68.2
所在地	城区	17322	24.0
	县镇	23162	32.1
	乡村	31602	43.8
年龄	30 岁及以下	17726	24.6
	31～40 岁	23716	32.9
	40～50 岁	21639	30.0
	50～60 岁	9005	12.5
任教学段	幼儿园	6940	9.6
	小学	38148	52.9
	初中	20769	28.8
	高中	5433	7.5
	中职	796	1.1
不同层级	国培计划	36288	50.3
	省级培训	5144	7.1
	地市级培训	5633	7.8
	区县级培训	15013	20.8
	校级培训	10008	13.9
最后学历	高中或中专	1220	1.7
	专科	15179	21.1
	本科	54257	75.3
	研究生	1430	2.0
职称	中级及以下	61192	84.9
	副高级	10651	14.8
	正高级	243	0.3

续表

基本情况		数量(人)	占比(%)
岗位	普通教师	57799	80.2
	教研组组长	4094	5.7
	年级组长	1601	2.2
	中层干部	5434	7.5
	校级领导	2701	3.7
	培训者	457	0.6
参加培训次数	1次	30133	41.8
	2次	20612	28.6
	3次	11267	15.6
	4次	4019	5.6
	5次	1880	2.6
	6次	4175	5.8

三、信效度分析

为了验证调查问卷的信度和效度，首先对问卷进行验证性因素分析，结果显示调查工具具有良好的结构效度。

(一)教师培训特征量表的验证性因素分析

采用 Mplus8.0 对教师培训特征量表进行验证性因素分析，以 CFI、TLI、$RMSEA$、$SRMR$ 和 $\chi^2/\mathrm{d}f$ 来评价拟合度，其中，$CFI>0.90$，$TLI>0.90$，$RMSEA<0.08$，$SRMR<0.08$，表示模型拟合较好。本研究中该量表的验证性因素分析结果表明，该模型拟合指标均在可接受的范围内（$CFI=0.95$，$TLI=0.94$，$RMSEA=0.07$，$SRMR=0.04$，$\chi^2=16585.20$，$\mathrm{d}f=86$），见图3-1。

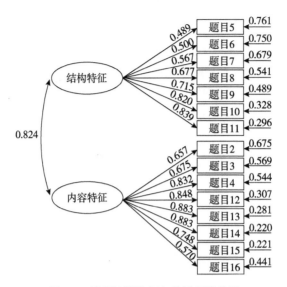

图 3-1 教师培训特征负荷因子结构图

(二)教师培训动机量表的验证性因素分析

本研究中该量表验证性因素分析结果表明,该模型拟合指标均在可接受的范围内($CFI = 0.99$,$TLI = 0.98$,$RMSEA = 0.06$,$SRMR = 0.02$,$\chi^2 = 539.46$,$df = 4$),见图 3-2。

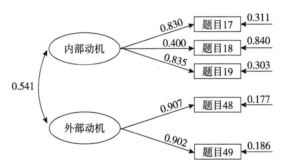

图 3-2 教师培训动机负荷因子结构图

(三)教师培训收获量表的验证性因素分析

本研究中该量表验证性因素分析结果表明,该模型拟合指标均在可接受的范围内($CFI = 0.98$,$TLI = 0.97$,$RMSEA = 0.07$,$SRMR = 0.02$,$\chi^2 = 9741.15$,$df = 58$),见图 3-3。

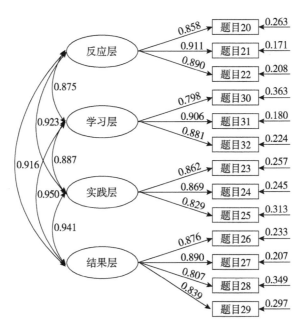

图 3-3　教师培训收获负荷因子结构图

(四)教师培训期待量表的验证性因素分析

本研究中该量表验证性因素分析结果表明，该模型拟合指标均在可接受的范围内($CFI=0.99$，$TLI=0.99$，$RMSEA=0.06$，$SRMR=0.01$，$\chi^2=1516.81$，$\mathrm{d}f=12$)，见图 3-4。

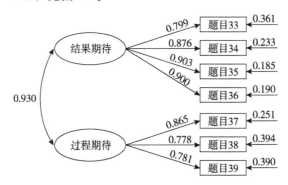

图 3-4　中小学教师培训期待负荷因子结构图

(五)教师培训评价量表的验证性因素分析

本研究中该量表验证性因素分析结果表明，该模型拟合指标均在可接受的范围内（$CFI=0.98$，$TLI=0.96$，$RMSEA=0.07$，$SRMR=0.02$，$\chi^2=2169.88$，d$f=10$），见图3-5。

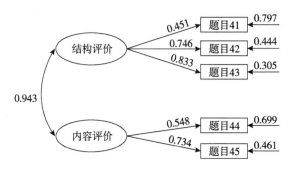

图 3-5　教师培训评价负荷因子结构图

第二节　实证证据分析

通过对县级教师培训特征、培训动机、培训收获、培训期待和培训评价各个维度进行描述统计，我们能够把握县级教师发展机构服务对象对县级教师发展机构服务效能的总体感知和全面反馈。

一、教师培训特征得分一般

数据显示，县级教师发展机构的服务供给总体情况一般，总体特征、结构特征和内容特征的得分均稍高于一般水平。[①] 结构特征主要指向县级教师发展机构所提供培训的方式、模式，具体指向培训的持续性、培训前的参与和了解、培训中的互动和合作、培训后的跟踪和指导等要素或环节是否健全。培训内容主要指向培训中所学习的内容是否聚焦学生的学习和发展，是否聚焦教育教学实践和具体实际问题，能否激活教师的自我经验，

———————

① 调查工具采用李克特量表，1 为非常差（低），2 为比较差（低），3 为一般，4 为比较好（高），5 为非常好（高）。

能否激发教师的发展动力和内驱力等。

(一)县级教师培训的总体情况一般

调研数据显示,县级教师培训的结构特征得分最低,仅为3.30,总体特征次之,为3.64,内容特征最高,为3.93(见表3-3)。由此说明,县级教师培训因距离教师最近,最易于把握教师的真实需求,更贴近教师的实践,其重要性不言而喻。其结构特征得分仅为3.30,说明县级教师培训的模式还比较落后,还未能把握教师学习和发展的要求与规律等。

表3-3 教师培训特征的描述统计

维度	均值	标准差	最大值	最小值
结构特征	3.30	0.73	5.00	1.00
内容特征	3.93	0.60	5.00	1.25
总体特征	3.64	0.60	5.00	1.73

(二)县级教师培训的结构特征中持续性得分最低

关于培训的结构特征,就培训的周期而言,两道题目进行了证明,教师参加的培训大多是短期集中式的;就培训前的参与和了解而言,在培训前对培训目标及相关内容的了解程度和参加培训前的组织规划和内容设计等环节的机会的得分也较低,处于一般水平稍高一点;就培训中的互动和合作而言,培训过程中创设的合作学习和共同研究的机会和体验的得分仅为3.54;就培训后的跟踪和指导而言,培训安排持续的专业支持和引领的情况的得分仅为3.24(见表3-4)。总体而言,县级教师培训结构特征得分不高。

表3-4 教师培训结构特征的描述统计

维度	均值	标准差	最大值	最小值
5. 我参加的培训属于短期集中式(如1周)的情况。	3.43	1.05	5.00	1.00
6. 我参加的培训属于长期持续性(如2～3年)的情况。	2.48	1.25	5.00	1.00

续表

维度	均值	标准差	最大值	最小值
7. 我参加的培训学员通常来自不同地区、不同学校的情况。	3.46	1.04	5.00	1.00
8. 我在培训前对培训目标及相关内容的了解程度。	3.81	0.83	5.00	1.00
9. 我参加培训前的组织规划和内容设计等环节的机会。	3.09	1.10	5.00	1.00
10. 我参加的培训安排持续的专业支持和引领的情况。	3.24	1.04	5.00	1.00
11. 我在培训过程中合作学习和共同研究的机会和体验。	3.54	0.90	5.00	1.00

(三)县级教师培训的内容特征以反思和重构教育教学经验得分最高

由表 3-5 可知，就县级教师培训的内容特征而言，其中培训对启发和激励教师反思和重构教育教学经验的作用的得分最高，得分在 4 分以上的还有培训主要给教师带来一些具体的新知识和新技术，这充分体现了县级教师发展机构所开展培训的独特价值和优势。教师培训的内容特征各个题目的得分均在 3.50 分以上。由此说明，县级教师培训的独特特征是其了解实践、影响实践和改进实践的价值属性。

表 3-5　教师培训内容特征的描述统计

维度	均值	标准差	最大值	最小值
2. 我参加的培训方式以学习小组、导师指导等方式为主。	3.84	0.88	5.00	1.00
3. 培训主要给我带来一些具体的新知识和新技术。	4.03	0.74	5.00	1.00
4. 培训对启发和激励我反思和重构教育教学经验的作用。	4.15	0.73	5.00	1.00
12. 培训过程能够给予我积极学习、主动思考的条件和支持。	3.87	0.75	5.00	1.00
13. 培训指向促进学生学习和发展的目标。	3.93	0.72	5.00	1.00

续表

维度	均值	标准差	最大值	最小值
14. 培训对解决我面临的一些实际教育教学问题的帮助。	3.79	0.80	5.00	1.00
15. 培训对激发我进一步发展的动力和内驱力的作用。	3.86	0.75	5.00	1.00
16. 我接触的培训师对教育教学实践的了解。	4.00	0.78	5.00	1.00

二、教师参加县级培训的内部动机较强

研究表明，教师参加培训的动机是影响培训效果的重要因素。学校可以要求教师参加培训，但其是否投入学习则无法强制。一些研究中提出的教师参加培训而不参与培训的状况是存在的。

（一）教师参加县级培训的内部动机水平高于外部动机水平

调研数据显示，教师参加县级培训的动机水平总体并不高，但内部动机水平高于外部动机水平，这与上述教师培训的总体情况有密切的关系（见表3-6）。因为县级教师发展机构距离教师最近，培训师相对了解教师的真实情况，能激起教师对自身教育教学经验的反思和重构，能直接影响和促进其教育教学实践。因此，教师参加县级教师培训不仅是服从学校安排或者完成学分要求，还着眼于培训对自身专业发展以及教育教学实践的促进作用。

表3-6　教师参加培训的描述统计

维度	均值	标准差	最大值	最小值
内部动机	3.81	0.63	5.00	1.00
外部动机	3.66	0.92	5.00	1.00
参加培训的动机	3.75	0.63	5.00	1.80

（二）内部动机中以更好地开展教育教学得分最高

调研数据显示，教师参加培训是为了更好地开展教育教学得分最高，为4.15，其次为增强专业自主，而收获更多友谊关系得分较低（见表3-7）。

这与教师对培训的认识或者培训的结构特征有一定关系，教师更期待通过培训获得直接用于教育教学的技能、策略和方法，他们对培训的定位更多是术层面的。这就要求我们的培训要关注教育教学实践的现实需求，同时也要注重对为师从教的道的理解和认识。

表 3-7 教师培训内部动机的描述统计

维度	均值	标准差	最大值	最小值
17. 我认为教师参加培训是为了更好地开展教育教学。	4.15	0.71	5.00	1.00
18. 我参加培训是为了收获更多友谊关系。	3.20	1.02	5.00	1.00
19. 我认为教师参加培训是为了增强专业自主。	4.07	0.71	5.00	1.00

(三)外部动机中完成学分要求和服从学校安排的水平相当

调研数据显示，就参加县级教师培训的外部动机而言，完成学分要求和服从学校安排的得分大致相当(见表 3-8)。

表 3-8 教师培训外部动机的描述统计

维度	均值	标准差	最大值	最小值
48. 据我观察，教师参加培训仅仅是为了完成学分要求。	3.64	0.98	5.00	1.00
49. 我参加培训仅仅是服从学校安排。	3.69	0.97	5.00	1.00

三、教师参加县级培训的收获较大

根据柯氏四级模型建立教师培训收获的四个指标，反应层主要是指教师对培训的感受和满意度，学习层是指教师在培训中的学习收获，实践层是指教师在培训后将培训所得应用到实践中的机会和平台等，结果层是指培训后经过一段时间的实践对课堂、对学生带来的影响。

(一)教师参加县级培训的总体收获接近比较大

调研数据显示，教师参加县级培训的总体收获得分为 3.89，接近比较大(4 分)，详见表 3-9。

表 3-9　教师参加培训收获的描述统计

维度	均值	标准差	最大值	最小值
反应层	3.90	0.70	5.00	1.00
学习层	3.93	0.64	5.00	1.33
实践层	3.88	0.69	5.00	1.00
结果层	3.87	0.65	5.00	2.00
总体收获	3.89	0.62	5.00	2.00

(二)反应层中教师喜欢参加县级培训的得分最高

调研数据显示，就培训收获的反应层而言，教师喜欢参加培训的得分最高，为 3.91，接近比较大，能够直接收获知识和技能与对专业发展有促进作用得分相当(见表 3-10)。

表 3-10　教师培训收获反应层的描述统计

维度	均值	标准差	最大值	最小值
20. 我喜欢参加培训。	3.91	0.76	5.00	1.00
21. 我参加的培训对我专业发展的促进作用。	3.88	0.78	5.00	1.00
22. 培训带给教师的是直接收获的知识和技能。	3.89	0.74	5.00	1.00

(三)学习层中教育教学实践能力的改进和提升的得分最高

调研数据显示，就培训收获的学习层而言，教育教学实践能力的改进和提升的得分最高，其次是最终促进了学生学习和发展，而获得外部的信息和动力的得分相对最低(见表 3-11)。可见，培训对于教师教育教学实践能力的改进和提升是至关重要的。

表 3-11　教师培训收获学习层的描述统计

维度	均值	标准差	最大值	最小值
30. 参加培训的主要收获是获得外部的信息和动力。	3.88	0.71	5.00	1.00
31. 参加培训的主要收获是教育教学实践能力的改进和提升。	3.97	0.69	5.00	1.00
32. 参加培训的主要收获是最终促进了学生学习和发展。	3.94	0.72	5.00	1.00

(四)实践层中学校关注和支持教师对从培训中获得的知识和技能加以应用的得分最高

调研数据显示，就培训收获的实践层而言，学校关注和支持教师对从培训中获得的知识和技能加以应用的得分最高(见表 3-12)。培训不只是理念的更新和知识的拓展，更重要的是将培训所得应用到具体的教育教学实践中，真正改变课堂教学，改变教育教学行为，促进学生发展。

表 3-12　教师培训收获实践层的描述统计

维度	均值	标准差	最大值	最小值
23. 学校关注和支持教师对从培训中获得的知识和技能加以应用。	3.99	0.73	5.00	1.00
24. 培训所获的知识、技能和方法等应用到教育教学实践中。	3.83	0.77	5.00	1.00
25. 我感觉教师参加培训后对学生能力学习提升的作用。	3.82	0.85	5.00	1.00

(五)结果层中个体自身的发展得分最高

调研数据显示，就培训收获的结果层而言，培训的主要收获在于个体自身的发展，具体包括知识、信念和态度等方面的改变和提升，以及自我专业的成长。因培训带来认知和理念变化而改革和创新课堂教学实践，从而提高学生学业成绩的得分为 3.86(见表 3-13)。因此，教师培训不只是对教师自身或其教育教学行为的改进和提升，更重要的是通过对教师的影响来支持和促进学生的发展，其终极目标是促进学生健康而全面地发展。

表 3-13 教师培训收获结果层的描述统计

维度	均值	标准差	最大值	最小值
26. 我感觉当前培训的收获在于促进教师对教育教学和专业不断审视和反思进而实现自我专业成长。	3.92	0.74	5.00	1.00
27. 我因培训带来认知和理念变化而改革和创新课堂教学实践，从而提高学生的学业成绩。	3.86	0.74	5.00	1.00
28. 我直接应用培训中学到的新知识和新技能来变革课堂实践，提高学生成绩之后，才实现认识上的变化。	3.75	0.79	5.00	1.00
29. 参加培训的主要收获在于个体自身的发展（如知识、信念和态度等方面的改变和提升）。	3.94	0.69	5.00	1.00

四、教师对县级培训的期待较高

教师对县级培训的期待从结果期待和过程期待两个方面呈现。

（一）教师对县级培训的总体期待较高

调研数据显示，教师对县级培训的期待是比较高的，无论是对过程的期待还是对结果的期待（见表 3-14）。

表 3-14 教师对培训的期待的描述统计

维度	均值	标准差	最大值	最小值
结果期待	4.02	0.61	5.00	1.75
过程期待	4.02	0.61	5.00	1.67
总体期待	4.02	0.58	5.00	2.29

（二）教师对县级培训结果呈现显性知识与隐性教育洞察力的双重期待

调研数据显示，教师对县级培训结果的期待集中体现在希望培训能够给予观察、分析和评价教育教学问题的有效洞察力，提供完整的知识体系，指明发展的方向并配以支持性的策略和方法方面（见表 3-15）。教师对县级培训的期待是比较高的，且不只停留在显性知识和能力的学习和提高上，更表现为对教育洞察力、发展方向等的追求。教育是一项实践性、情境性极强的事业，学生个性千差万别，学习水平参差不齐，因此教师培训不可能穷尽教师在教育教学中遇到的各种具体问题和困难，而是需要超越具体问题，帮助教师生成解决各种各样具体问题的能力和智慧，即所谓教育洞察力。

表 3-15　教师对培训的结果期待的描述统计

维度	均值	标准差	最大值	最小值
33. 我认为培训应该直接给我提供如何解决教育教学中遇到问题的具体做法的明确处方。	3.99	0.72	5.00	1.00
34. 我认为培训应该为我的发展指明方向，并提供一系列如何实现该目标的说明性实践策略。	4.03	0.68	5.00	1.00
35. 我期待培训能够给予我观察、分析和评价教育教学问题的有效洞察力。	4.04	0.67	5.00	1.00
36. 我认为培训应该提供完整的知识体系，以便我有充分的自主权决定如何选择以及如何应用这些新知识和新方法。	4.04	0.67	5.00	1.00

(三)教师对县级培训过程的期待以教育教学实践为核心

调研数据显示，教师对培训过程的期待均比较高，最突出的是希望培训基于教师的真实工作场景，然后是基于自己面临问题的研究讨论以及呈现优秀教师的案例(见表 3-16)。由此说明，教师期待在培训过程中不断激活自己的实践经验，与实践建立密切的联系。

表 3-16　教师对培训过程的期待的描述统计

维度	均值	标准差	最大值	最小值
37. 我期待教师培训的内容更多是我自己面临问题的研究讨论。	4.01	0.69	5.00	1.00
38. 我认为教师培训的内容应该更多呈现优秀教师的案例。	4.00	0.71	5.00	1.00
39. 我认为有效的培训必须基于教师的真实工作场景。	4.06	0.70	5.00	1.00

五、教师对县级培训的评价不高

调研数据显示，教师对县级培训的评价总体得分不高，仅处于一般水平（见表 3-17）。

表 3-17 教师对培训评价的描述统计

维度	均值	标准差	最大值	最小值
培训结构	3.47	0.69	5.00	1.20
培训内容	3.29	0.77	5.00	1.00
总体评价	3.42	0.66	5.00	1.43

（一）教师对县级培训结构的评价以培训后指导和反馈得分最低

培训结构评价指向培训前、培训中和培训后三个环节活动的基本特征和要求。调研数据显示，教师对培训结构的评价得分均较低，总体处于一般水平（见表 3-18）。

表 3-18 教师对培训结构评价的描述统计

维度	均值	标准差	最大值	最小值
41. 我参加的培训通常在远离我的工作场域开展。	3.23	0.97	5.00	1.00
42. 我参加的培训通常是一次性的，培训后没有指导和反馈。	3.21	1.02	5.00	1.00
43. 据我观察，培训过程中教师对各项培训活动的主动性和学习投入程度不高。	3.44	0.97	5.00	1.00

（二）教师对县级培训内容的评价

调研数据显示，就培训内容评价而言，以通识内容为主，培训内容之间的逻辑性也不够强（见表 3-19）。

表 3-19 教师对培训内容评价的描述统计

维度	均值	标准差	最大值	最小值
44. 培训的通识性内容多于学科教学类内容。	2.90	0.98	5.00	1.00
45. 我参加的培训通常是杂乱无章的大拼盘。	3.68	0.89	5.00	1.00

第四章　县级教师发展机构专业能力需关注的领域

在现状分析基础上，通过对多个维度的差异进行分析，发现县级教师发展机构专业能力在不同方面的差异，特别是面向县域教育振兴、基础教育改革发展、教育强国战略落实等方面，县级教师发展机构专业能力需关注多个重点领域和关键事项。

第一节　县级教师发展机构专业能力差异分析

对教师的培训特征、培训动机、培训收获、培训期待和培训评价进行性别、学段、所在地、职称、年龄和岗位等多个方面的差异分析，进而明确县级教师发展机构的专业能力亟须被关注和加强的维度。

一、女教师在大多数维度上的得分显著高于男教师

除培训特征不存在显著的性别差异之外，在培训动机、培训收获、培训期待、培训评价四个维度上，女教师的得分均高于男教师，详见表4-1和图4-1。

表 4-1 教师培训在性别上的差异

维度	性别		t
	男 ($M \pm SD$)	女 ($M \pm SD$)	
培训特征	3.62 ± 0.61	3.64 ± 0.60	-1.81
培训动机	3.68 ± 0.65	3.79 ± 0.61	-9.56^{***}
培训收获	3.87 ± 0.63	3.90 ± 0.62	-3.63^{***}
培训期待	3.97 ± 0.59	4.05 ± 0.58	-7.73^{***}
培训评价	3.38 ± 0.68	3.44 ± 0.65	-5.47^{***}

注：* 代表 $p < 0.05$，** 代表 $p < 0.01$，*** 代表 $p < 0.001$。

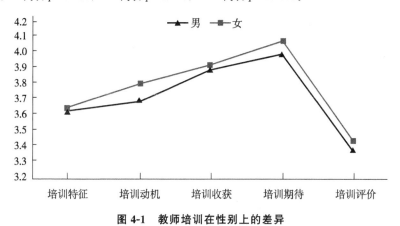

图 4-1 教师培训在性别上的差异

二、随着学段的升高，县级教师培训的各个维度得分显著降低

结合表 4-2 和图 4-2 可得出如下结论：

(一)教师的培训特征存在显著的学段差异，随着学段的升高得分依次降低

教师的培训特征在学段上有显著差异，对其事后结果进行检验分析，发现幼儿园教师的培训特征得分最高，其次是小学、初中教师的培训特征得分，高中教师的培训特征得分最低。中职教师的培训特征得分也低于幼儿园、小学、初中教师的培训特征得分。

(二)教师参加培训的动机随着学段的升高而逐步降低

教师参加培训的动机在学段上有显著差异,对其事后结果进行检验分析,发现幼儿园教师的培训动机得分最高,其次是小学、初中教师的培训动机得分,高中教师的培训动机得分较低,中职教师的培训动机得分最低。

(三)初中、高中、中职教师的培训收获无显著差异

教师培训收获在学段上有显著差异,对其事后结果进行检验分析,发现幼儿园教师的培训收获得分最高,小学教师的培训收获得分次之,初中、高中、中职教师的培训收获得分无显著差异。

(四)幼儿园和小学教师对培训的期待显著高于中学教师

教师对培训的期待在学段上有显著差异,对其事后结果进行检验分析,发现幼儿园教师对培训的期待最高,小学教师对培训的期待次之,初中、高中、中职教师对培训的期待无显著差异。

(五)幼儿园和小学教师对培训的评价显著高于中学教师

教师对培训的评价在学段上有显著差异,对其事后结果进行检验分析,发现幼儿园教师对培训的评价最高,小学教师对培训的评价次之,初中、高中、中职教师对培训的评价无显著差异。

表 4-2　教师培训在学段上的差异

维度	幼儿园 ($M\pm SD$)	小学 ($M\pm SD$)	初中 ($M\pm SD$)	高中 ($M\pm SD$)	中职 ($M\pm SD$)	F
培训特征	3.78±0.61	3.68±0.60	3.57±0.60	3.52±0.62	3.44±0.69	56.08***
培训动机	3.92±0.61	3.80±0.61	3.67±0.62	3.59±0.66	3.54±0.71	77.83***
培训收获	4.06±0.61	3.93±0.61	3.81±0.62	3.79±0.63	3.80±0.68	54.26***
培训期待	4.15±0.58	4.05±0.58	3.98±0.58	3.94±0.58	3.97±0.53	27.96***
培训评价	3.54±0.68	3.45±0.67	3.36±0.64	3.37±0.64	3.35±0.65	25.23***

注:* 代表 $p<0.05$,** 代表 $p<0.01$,*** 代表 $p<0.001$。

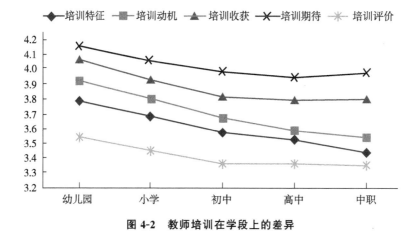

图 4-2　教师培训在学段上的差异

三、县级教师培训的各个维度均存在显著的县镇塌陷

结合表 4-3 和图 4-3 可得出如下结论：

(一)教师的培训特征存在显著的城乡差异，城区显著高于县镇

教师的培训特征在学校所在地上有显著差异，对其事后结果进行检验分析，发现城区教师培训特征得分显著高于县镇教师培训特征得分。

(二)县镇教师参加培训的动机最弱

教师参加培训的动机在学校所在地上有显著差异，对其事后结果进行检验分析，发现县镇教师的培训动机得分显著低于城区和乡村教师的培训动机得分，城区和乡村教师参加培训的动机无显著差异。

(三)县镇教师参加培训的收获最小

教师的培训收获在学校所在地上有显著差异，对其事后结果进行检验分析，发现县镇教师的培训收获得分显著低于城区和乡村教师的培训收获得分，城区和乡村教师的培训收获得分无显著差异。

(四)城区教师对培训的期待显著高于县镇和乡村教师

教师对培训的期待在学校所在地上有显著差异，对其事后结果进行检验分析，发现城区教师对培训的期待显著高于乡村、县镇教师对培训的期待，县镇教师对培训的期待与乡村教师对培训的期待无显著差异。

(五)城区教师对培训的评价显著高于县镇和乡村教师

教师对培训的评价在学校所在地上有显著差异，对其事后结果进行检验分析，发现城区教师对培训的评价显著高于县镇、乡村教师对培训的评价，县镇教师对培训的评价与乡村教师对培训的评价无显著差异。

表 4-3　教师培训在学校所在地上的差异

维度	城区($M \pm SD$)	县镇($M \pm SD$)	乡村($M \pm SD$)	F
培训特征	3.67 ± 0.61	3.61 ± 0.61	3.64 ± 0.60	8.61^{***}
培训动机	3.77 ± 0.65	3.73 ± 0.62	3.76 ± 0.62	4.26^{*}
培训收获	3.90 ± 0.64	3.87 ± 0.62	3.90 ± 0.62	5.06^{**}
培训期待	4.06 ± 0.60	4.01 ± 0.58	4.02 ± 0.57	6.79^{***}
培训评价	3.46 ± 0.67	3.42 ± 0.66	3.40 ± 0.66	8.42^{***}

注：* 代表 $p < 0.05$，** 代表 $p < 0.01$，*** 代表 $p < 0.001$。

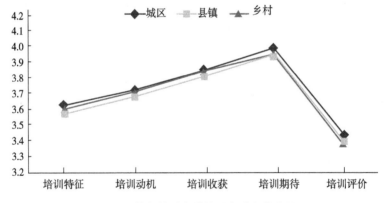

图 4-3　教师培训在学校所在地上的差异

四、县级教师培训的各个维度均存在显著的职称差异

结合表 4-4 和图 4-4 可得出如下结论：

(一)中级及以下职称教师在教师培训特征上的得分显著高于副高级职称教师

教师培训特征在职称上有显著差异，对其事后结果进行检验分析，发现中级及以下职称教师的培训特征得分显著高于副高级职称教师的培训特征得分。正高级职称教师的培训特征得分最高。

(二)中级及以下职称教师参加培训的动机最强

教师培训动机在职称上有显著差异,对其事后结果进行检验分析,发现中级及以下职称教师的培训动机得分显著高于副高级职称教师的培训动机得分。

(三)副高级职称教师参加培训的收获最小

教师培训收获在职称上有显著差异,对其事后结果进行检验分析,发现副高级职称教师培训收获的得分最低。

(四)中级及以下职称教师对培训的期待最高

教师对培训的期待在职称上有显著差异,对其事后结果进行检验分析,发现中级及以下职称教师的培训期待得分显著高于副高级职称教师的培训期待得分。

(五)正高级职称教师对培训的评价最高

教师对培训的评价在职称上有显著差异,对其事后结果进行检验分析发现正高级职称教师对培训的评价高于中级及以下职称、副高级职称教师对培训的评价。

表 4-4　教师培训在职称上的差异

维度	中级及以下($M\pm SD$)	副高级($M\pm SD$)	正高级($M\pm SD$)	F
培训特征	3.65 ± 0.61	3.57 ± 0.59	3.75 ± 0.63	17.78^{***}
培训动机	3.78 ± 0.62	3.63 ± 0.62	3.71 ± 0.69	58.34^{***}
培训收获	3.90 ± 0.62	3.85 ± 0.61	4.00 ± 0.62	6.83^{***}
培训期待	4.03 ± 0.59	3.97 ± 0.55	3.99 ± 0.60	12.05^{***}
培训评价	3.43 ± 0.67	3.39 ± 0.61	3.59 ± 0.78	4.61^{**}

注: * 代表 $p<0.05$, ** 代表 $p<0.01$, *** 代表 $p<0.001$。

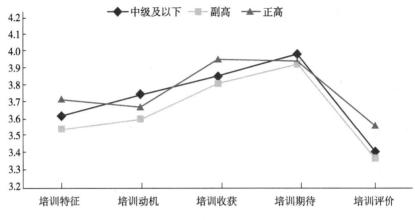

图 4-4　教师培训在职称上的差异

五、县级教师培训的各个维度均存在显著的年龄差异

由表 4-5 和图 4-5 可得出如下结论：

(一)年龄两端教师在培训特征上的得分显著高于中间段教师

培训特征在教师年龄上有显著差异，对其事后结果进行检验分析，发现 30 岁及以下教师的培训特征得分最高，50～60 岁教师的培训特征得分次之，40～50 岁教师的培训特征得分最低，30～40 岁和 40～50 岁教师的培训特征得分不存在显著差异。

(二)教师参加培训的动机随着年龄的增长逐步减弱

培训动机在教师年龄上有显著差异，对其事后结果进行检验分析，发现 30 岁及以下教师的培训动机得分最高，30～40 岁教师的培训动机得分次之，50～60 岁教师的培训动机得分最低，40～50 岁和 50～60 岁教师的培训动机得分不存在显著差异。

(三)30 岁及以下教师的培训收获得分最高

培训收获在教师年龄上有差异，对其事后结果进行检验分析，发现 30 岁及以下教师的培训收获得分最高，50～60 岁与 30～40 岁、40～50 岁教师的培训收获得分无显著差异。

(四)30 岁及以下教师对培训的期待最高

教师对培训的期待在年龄上有显著差异，对其事后结果进行检验分析，发现 30 岁及以下教师对培训的期待最高，30～40 岁教师对培训的期待次之，40～50 岁和 50～60 岁教师对培训的期待不存在显著差异。

(五)30 岁及以下教师对培训的评价最高

教师对培训的评价在教师年龄上有显著差异，对其事后结果进行检验分析，发现 30 岁及以下教师对培训的评价最高，50～60 岁与 30～40 岁、40～50 岁教师对培训的评价无显著差异。

表 4-5　教师培训在年龄上的差异

维度	30 岁及以下 ($M \pm SD$)	30～40 岁 ($M \pm SD$)	40～50 岁 ($M \pm SD$)	50～60 岁 ($M \pm SD$)	F
培训特征	3.73±0.60	3.60±0.61	3.59±0.59	3.64±0.61	45.59***
培训动机	3.89±0.61	3.75±0.63	3.68±0.61	3.65±0.63	105.05***
培训收获	3.96±0.62	3.88±0.63	3.84±0.61	3.87±0.61	28.64***
培训期待	4.08±0.60	4.05±0.59	3.98±0.59	3.96±0.55	30.72***
培训评价	3.50±0.69	3.39±0.67	3.40±0.63	3.37±0.64	30.76***

注：* 代表 $p < 0.05$，** 代表 $p < 0.01$，*** 代表 $p < 0.001$。

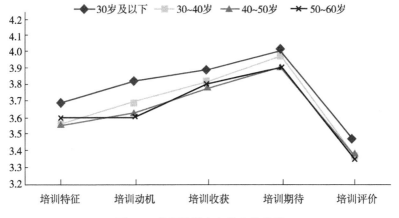

图 4-5　教师培训在年龄上的差异

六、县级教师培训的多数维度存在显著的岗位差异

由表 4-6 和图 4-6 可得出如下结论：

(一)普通教师在培训特征上的得分较低

培训特征在教师岗位上有显著差异，对其事后结果进行检验分析，发现普通教师得分显著低于中层干部，教研组组长得分也显著低于中层干部，其余无显著差异。

(二)各个岗位教师的培训动机没有显著差异

教师培训动机在教师岗位上无显著差异。

(三)岗位级别越低教师的培训收获越小

教师培训收获在教师岗位上有显著差异，对其事后结果进行检验分析，发现普通教师、教研组组长的培训收获得分显著低于中层干部、校级领导的培训收获得分，其余无显著差异。

(四)普通教师对培训期待最低

教师对培训的期待在教师岗位上有显著差异，对其事后结果进行检验分析，发现普通教师对培训的期待显著低于中层干部，其他岗位教师之间对培训的期待无显著差异。

(五)各个岗位教师对培训的评价没有显著差异

教师对培训的评价在教师岗位上无显著差异。

表 4-6　教师培训在岗位上的差异

维度	普通教师 ($M\pm SD$)	教研组组长 ($M\pm SD$)	年级组长 ($M\pm SD$)	中层干部 ($M\pm SD$)	校级领导 ($M\pm SD$)	F
培训特征	3.63±0.60	3.60±0.64	3.62±0.61	3.68±0.60	3.66±0.57	2.31[*]
培训动机	3.75±0.63	3.73±0.63	3.76±0.63	3.80±0.63	3.76±0.60	1.70
培训收获	3.88±0.62	3.88±0.64	3.90±0.63	3.96±0.62	3.95±0.59	5.14[***]
培训期待	4.01±0.58	4.05±0.59	4.07±0.57	4.09±0.59	4.06±0.55	5.51[***]
培训评价	3.42±0.66	3.43±0.70	3.40±0.70	3.45±0.67	3.44±0.63	1.58

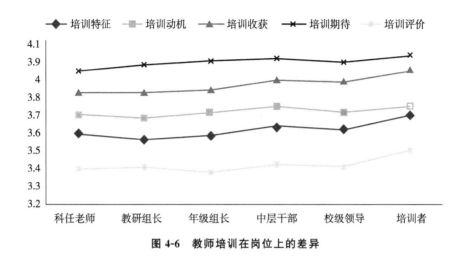

图 4-6 教师培训在岗位上的差异

第二节 县级教师发展机构专业能力相关影响因素

一、县级教师培训各个维度之间均存在显著的正相关

教师培训各维度的相关分析结果（见表 4-7）显示，总体特征、总体动机、总体期待、总体评价与总体收获呈显著正相关（$p < 0.001$）。

表 4-7 教师培训各维度的相关

维度	1	2	3	4	5
1. 总体特征	1				
2. 总体动机	0.70***	1			
3. 总体收获	0.81***	0.77***	1		
4. 总体期待	0.59***	0.62***	0.75***	1	
5. 总体评价	0.61***	0.69***	0.66***	0.50***	1

注：* 代表 $p < 0.05$，** 代表 $p < 0.01$，*** 代表 $p < 0.001$。

教师培训各维度与总体收获的相关分析结果（见表 4-8）显示，结构特征、内容特征、内部动机、外部动机、结果期待、过程期待、结构评价、内容评价与总体收获呈显著正相关($p<0.001$)。

表 4-8 　教师培训各分维度与总体收获的相关

	1	2	3	4	5	6	7	8	9
1. 总体收获	1								
2. 结构特征	0.64***	1							
3. 内容特征	0.85***	0.66***	1						
4. 内部动机	0.76***	0.58***	0.71***	1					
5. 外部动机	0.52***	0.34***	0.50***	0.41***	1				
6. 结果期待	0.74***	0.44***	0.63***	0.60***	0.42***	1			
7. 过程期待	0.67***	0.39***	0.57***	0.58***	0.37***	0.80***	1		
8. 结构评价	0.69***	0.51***	0.64***	0.54***	0.61***	0.51***	0.48***	1	
9. 内容评价	0.43***	0.33***	0.42***	0.33***	0.57***	0.33***	0.29***	0.68***	1

注：* 代表 $p<0.05$，** 代表 $p<0.01$，*** 代表 $p<0.001$。

二、多元回归分析显示总体特征、总体动机、总体期待和总体评价均正向预测总体收获

以总体特征、总体动机、总体期待、总体评价为预测变量，总体收获为因变量，进行多元回归分析。整个模型的 $R^2=0.803$，调整 $R^2=0.803$，这显示总体特征、总体动机、总体期待、总体评价可以共同解释总体收获变异的 80.3%。VIF 值为 3 左右，VIF 低于 10 则可以认为不存在多重共线性问题，因此本模型没有严重的共线性问题。回归方程的回归系数（见表 4-9）显示，总体特征正向预测总体收获（$B=0.428$，$\beta=0.416$，$t=77.233$，$p<0.001$）；总体动机正向预测总体收获（$B=0.206$，$\beta=0.208$，$t=34.614$，$p<0.001$）；总体期待正向预测总体收获（$B=0.348$，$\beta=0.324$，$t=67.192$，$p<0.001$）；总体评价正向预测总体收获（$B=0.092$，$\beta=0.098$，$t=18.970$，$p<0.001$）。

表 4-9 多元回归分析表

模型	非标准化系数 B	标准误	标准化系数 β	t	Sig.	共线性统计量	
						容差	VIF
常量	−0.155	0.017		−9.137	0.000		
总体特征	0.428	0.006	0.416	77.233	0.000	0.453	2.207
总体动机	0.206	0.006	0.208	34.614	0.000	0.365	2.742
总体期待	0.348	0.005	0.324	67.192	0.000	0.565	1.769
总体评价	0.092	0.005	0.098	18.970	0.000	0.490	2.039
F	15271.615 ***						
R^2	0.803						
调整 R^2	0.803						

因变量：总体收获。

注：* 代表 $p<0.05$，** 代表 $p<0.01$，*** 代表 $p<0.001$。

以结构特征、内容特征、内部动机、外部动机、结果期待、过程期待、结构评价、内容评价为预测变量，总体收获为因变量，进行多元回归分析。整个模型的 $R^2=0.835$，调整 $R^2=0.835$，这显示结构特征、内容特征、内部动机、外部动机、结果期待、过程期待、结构评价、内容评价可以共同解释总体收获变异的 83.5%。VIF 值为 4 左右，VIF 低于 10 则可以认为不存在多重共线性问题，因此本模型没有严重的共线性问题，回归方程的回归系数（见表 4-10）显示，结构特征正向预测总体收获（$B=0.053$，$\beta=0.062$，$t=13.626$，$p<0.001$）；内容特征正向预测总体收获（$B=0.407$，$\beta=0.394$，$t=67.303$，$p<0.001$）；内部动机正向预测总体收获（$B=0.192$，$\beta=0.194$，$t=38.171$，$p<0.001$）；外部动机正向预测总体收获（$B=0.021$，$\beta=0.032$，$t=7.085$，$p<0.001$）；结果期待正向预测总体收获（$B=0.221$，$\beta=0.218$，$t=36.430$，$p<0.001$）；过程期待正向预测总体收获（$B=0.052$，$\beta=0.051$，$t=9.058$，$p<0.001$）；结构评价正向预测总体收获（$B=0.158$，$\beta=0.175$，$t=30.797$，$p<0.001$）；内容评价负向预测总体收获（$B=-0.036$，$\beta=-0.045$，$t=-9.479$，$p<0.001$）。

表 4-10　教师培训分维度多元回归分析表

模型	非标准化系数 B	标准误	标准化系数 β	t	Sig.	共线性统计量	
						容差	VIF
常量	-0.223	0.016		-13.911	0.000		
结构特征	0.053	0.004	0.062	13.626	0.000	0.528	1.893
内容特征	0.407	0.006	0.394	67.303	0.000	0.321	3.120
内部动机	0.192	0.005	0.194	38.171	0.000	0.427	2.341
外部动机	0.021	0.003	0.032	7.085	0.000	0.550	1.817
结果期待	0.221	0.006	0.218	36.430	0.000	0.307	3.254
过程期待	0.052	0.006	0.051	9.058	0.000	0.346	2.893
结构评价	0.158	0.005	0.175	30.797	0.000	0.343	2.917
内容评价	-0.036	0.004	-0.045	-9.479	0.000	0.490	2.040
F	9476.932***						
R^2	0.835						
调整 R^2	0.835						

因变量：总体收获。

注：* 代表 $p < 0.05$，** 代表 $p < 0.01$，*** 代表 $p < 0.001$。

第三节　基于实证分析的县级教师发展机构专业能力提升对策

综合以上实证证据，就县级教师发展机构提供的培训服务得出以下结论并提出相应对策。

一、全面优化县级教师培训的结构特征和内容特征

数据显示，县级教师培训的结构特征和内容特征得分均一般，同时相关分析和回归分析均表明，培训特征与培训收获、培训评价呈显著正相关，同时能正向预测培训收获，因此有必要通过多元路径优化县级教师培训的

结构特征和内容特征。

(一)县级教师培训的结构特征需从培训前、培训中和培训后三个方面加强

结构特征涉及培训的持续性、培训前的参与和了解、培训中的互动和合作、培训后的跟踪和指导等。调研显示，这几个维度及具体问题的得分都在一般水平。因此，提出如下建议。

一是加强培训规划和设计，并在规划和设计阶段保障未来参训教师的知情权、参与权和话语权，也就是落实教师培训政策中的培训需求调研，将其做实做强，将培训需求调研从形式要求转向实际工作。通过课堂观察、个人访谈、焦点访谈、同伴反馈、领导反馈等方式全方位了解教师的真实需求。这些需求包括当下需求和未来需求、教学需求和发展需求、个体需求和组织需求等。

二是加强行动式培训项目设计和实施，遵循教师发展规律以及培训转化机制。就教师专业发展规律而言，首先，教师工作是一项情境性极强的工作，越是扎根教师教学一线实际的专业发展活动，越贴近教师专业发展的现实需求。其次，教师工作是一项实践性突出的工作，越是在教师日常工作场景中发生的专业发展活动，越能尽快转化为教师的教育教学技能并改进教师的教育教学行为。最后，教师发展不是一个事件而是一个持续的过程，越是具有持续性的专业发展活动，越能有效促进教师专业发展。研究显示，没有持续支持，只有不到 10％的教师能够坚持将新技能完全融入课堂实践。教师需要 8～10 周、25 次试验才能成功地将新策略应用到课堂上，这些都是当下短期式、集中式培训项目无法达到的。

三是加强培训的实践性。教师是一种实践性职业，而现行培训通常脱离教师工作场域。正如不能让人在马路上学游泳，教师的学习也不能脱离其教育教学实践环境和场景。为此，县级教师发展机构应以问题为起点，以目标为引领，以行动研究为路径，设计系列面向不同教师的发展项目，不是以理论的逻辑和说理的方式来解决教师实践中的问题，而是用实践的逻辑和实践示范的方式来帮助教师解决实际问题。

(二)县级教师培训的内容特征需增强逻辑性和实践性

实证证据表明，县级教师培训的通识性内容较多且不同课程之间的逻辑性不够突出。教师专业知识包括学科知识、教育知识、学科教学知识和通识知识等，县级教师发展机构要根据不同需求，合理确定各类知识的比重和方式。培训内容不仅包括专业知识，还应该突出专业能力，特别是着眼于教师工作的实践逻辑。县级教师发展机构应根据备课、上课、批改作业、师生沟通、班级管理、师德修养、新课程落实、作业设计等具体工作的特点，设计科学的知识类型和定位。此外，要跳出教师培训和学习的理论逻辑，走向实践逻辑，实践逻辑要解决"是什么"和"为什么"的基本问题，更多着眼于"怎么做"的具体范畴。

二、综合激发教师参加县级培训的内外部动机

实证证据显示，教师参加县级培训的动机水平一般。差异分析表明，学段越高，教师参加培训的动机水平越低。相关分析和回归分析发现，教师参加培训的动机与培训的总体特征、总体收获、总体期待和总体评价之间均呈显著正相关。与此同时，教师参加县级培训的内部动机水平高于外部动机水平，这是一个极好的信号。在全面优化县级教师培训的结构特征和内容特征的基础上，要加强培训转化和应用。

(一)就县级教师发展机构而言，应加强培训后的跟踪指导和持续引领

多个研究显示，培训后的跟踪指导和持续引领是保证培训转化和应用的关键环节和重要保障，它们使教师不断体会和体验到参加培训对其教育教学工作的直接帮助和促进作用，使教师认识到培训是有价值的，而不只是为了完成学分要求或服从学校安排。

(二)就培训期待而言，应加强培训过程的优化设计和培训结果的应用

教师对培训的期待表现为对过程的期待和对结果的期待。对过程的期待表现为培训内容以自己的教育教学实践为核心，学习方式为基于问题或基于经验的互动讨论，基于自己真实的工作场景，更好地贴近自己的实践、切合自己的实践和服务自己的实践。就对结果的期待而言，教师不仅期待

通过培训学到具体的知识和技能，更期待通过培训激发自己的反思意识，帮助自己透过现象看到问题的本质，通过具体的问题理解和把握教育的规律。

(三)就教师所在学校而言，应提供培训后应用的多元平台和充分保障

培训效果体现在对培训所学的应用和转化上。新理念、新知识和新技能的转化和应用不是教师个体能够实现的，需要学校提供平台和保障。一是建立参训教师回校宣讲制度，参训教师将培训所得进行专题报告，并明确未来应用的方向和策略。二是建立培训转化应用小组，从备课组、教研组、年级组等多个角度展开，将教师培训所得进行深入研究之后，结合所在学校的实际制定科学的应用方案。三是建立相应的评价激励制度，特别要与学校教育教学创新等相关制度密切结合。

三、切实关注县级教师培训各维度上的县镇塌陷现象

实证证据显示，县级教师培训各个维度均存在显著的县镇塌陷。这是一个值得注意的问题。近年来，国家出台一系列政策加强乡村教师队伍建设，全方位支持乡村教师发展，包括开展面向乡村教师的专门培训，特别是"国培计划"中西部项目专门面向中西部乡村教师。这些培训项目秉持先进理念，以县级教师发展机构为载体，使得关于乡村教师的培训趋于专业化、制度化和规范化。因此亟须关注县镇教师这一群体。

四、构建满足不同发展阶段教师的培训服务供给体系

已有研究显示，县级教师培训在服务低学段教师、新发展阶段教师方面的效果较好，但对于高学段和高发展阶段教师的专业支持和引领不够。应当根据不同阶段教师发展的重点和需求，建立健全面向教师职业生涯全周期的培训支持体系。例如，新教师培训侧重教育教学常规，而骨干教师、专家型教师面临不同的发展主题，县级教师发展机构应予以全面关注和系统设计。

五、健全满足不同岗位教师需求的培训服务供给体系

数据显示，县级教师发展机构对不同岗位教师的专业支持和引领存在显著差异。当前，县级教师发展机构在教师培训方面形成了教师培训和干部培训两个相对独立的系统。县级教师发展机构在干部培训方面好于教师培训。因此，县级教师发展机构应认真研读关于提高教师培训质量的相关政策文件，深入学习教师发展的规律和教师学习的有效机制，以提高服务不同岗位教师需求的能力。就教师培训体系而言，应建立健全新教师—成熟教师—骨干教师—专家教师的进阶式发展体系，加强对教研组组长、备课组组长、科研主任、德育主任等专业岗位发展体系的建设。

第五章　县级教师发展机构的现实样态

　　课题组面向全国征集县级教师发展机构先进发展案例，经过专家点评打分，从全国 16 个单位中遴选出以下 5 个样例。5 个样例位于我国的东南部、东北部、中部和西南部，代表不同区位，从名称上看基本涵盖当前县级教师发展机构的样态，有教师进修学校、教师发展中心、教师培训与教育研究中心（见表 5-1）。下面从县级教师发展机构在改革中突围、县级教师发展机构专业能力的现实体现，以及县级教师发展机构专业能力提升的突出成效三个方面展开论述。

表 5-1　县级教师发展机构样例

序号	区域	省份	地市	机构
1	东南部	广东省	深圳市	深圳市龙岗区教师发展中心
2	东北部	黑龙江省	五常市	五常市教师进修学校
3	中部	河南省	商丘市	虞城县教师发展中心
4	西南部	重庆市	巴南区	重庆市巴南区教师进修学校
5	西南部	四川省	宜宾市	宜宾市翠屏区教师培训与教育研究中心

第一节　县级教师发展机构在改革中突围

　　2002 年，《教育部关于加强县级教师培训机构建设的指导意见》明确指出，县级教师培训机构以实施本地区中小学教师继续教育工作为主要任务，并具有与教师教育相关的管理、研究、服务和教育信息资源开发与利用等职能。2018年，《中共中央 国务院关于全面深化新时代教师队伍建设改革的意见》提出，建立健全地方教师发展机构。《中国教育现代化2035》提出，"夯实教师专业发展体系"。2022年，《新时代基础教育强师计划》提出，"建强县级教师发展机构"。在过去的一段时间，调研覆盖的所有县级教师发展机构均经历了长期且有深度的改革。改革伴随阵痛、伴随难题、伴随困境。通过对5家机构改革历程进行梳理发现，改革是实现其专业能力提升的基础和关键，主要体现在机构重组、职能定位转型和研修模式优化三个维度，三者层层递进。

一、机构重组先行

在国家政策统一引领下，各地县级教师发展机构均经历了全方位的机构重组。多数机构都是由多家机构重组而成的。物理重组、办公地点重组、人员重组是实现职能重组的前提和基础。

（一）多家机构重组新型县级教师发展机构

例如，随着课程改革的日益深入，研训一体的工作机制应运而生，翠屏区政府将区教师进修学校、区教研室、区电教馆三家整合成立翠屏区教师培训与教育研究中心。在融合发展的过程中，出现了各地名称不一的现象；同时由于市、区重组的不统一，出现了整合后一家区级机构面对三家市级机构的问题。按照精简、统一、效能原则，"中心"通过调整内设机构，整合成立新的党政办公室、中学教育研究室、小学教育研究室、学前教育研究室、信息技术研究室、教育科研室、德育研究室7个中层机构，以对应联系上级机构和服务联系学校。

深圳市龙岗区教师发展中心（原教师进修学校）成立于2007年，2008年正式运作，当时面临的状况一方面是龙岗区正处于城市化的关键期，办学从三级（村级、街道级、区级）办学转变为一级办学，全区几乎没有系统的教师职后培训，另一方面是业界对教师进修学校的认可度不高，甚至把进修学校戏称为"进来休息的学校"，教师进修学校面临着巨大的生存压力。

巴南区原教师进修学校内设党政办公室、教育教学科研处、教育教学管理处、干部教师培训处、成人教育处、总务处和保卫处 7 个部门，为贯彻落实《重庆市人民政府关于同意设立巴南区、潼南区、奉节县教师进修学院的批复》文件精神，紧扣"新时代教师队伍建设改革、基础教育强师计划有关要求"，学院进一步明确职责职能，将内设机构增加到 11 个，即院务中心、中小学党建德育研究指导中心、中学课程教学研修指导中心、初等（幼小）课程教学研修指导中心、中小学质量监测评价指导中心、中小学教育发展研究指导中心、中小学教师专业发展指导中心、开放教育研修学习指导中心、中小学智慧教育研修指导中心、中小学心理健康教育研究指导中心和后勤服务保障中心，努力建设"重庆一流、西部领先、全国知名"的教师进修学校，更好地为新时代大先生成长赋能。

虞城县教师发展中心成立于 2017 年，由县原教研室、电教馆、教师进修学校合并而来。人事编制一步整合到位，财力、物力、资源实质整合，实现了教研、电教和教师培训的彻底合并。"中心"成立之初，由于原有工作习惯的不同，员工们的步调很难一致，加之怀旧情绪，融入新单位需要一个思想转变和适应的过程。经历了两年左右的磨合期，"中心"终于步入正轨。因此，教师发展中心要树立信仰意识、集体观念，还要有工作理念引领，等等。

（二）保持初始建制的县级教师发展机构

与此同时，独立建制的教师进修学校依然在不少地区存在，如本研究中的五常市教师进修学校。虽然组织建制没有改变，但是它们也在不断适应教育改革发展提出的新要求和新挑战，也在职能定位、研修模式上进行转型和优化。

二、职能定位转型

各县级教师发展机构在机构重组基础上，为适应教育改革发展新形势和完成教师队伍建设的新任务，不断实现职能定位的转型，由过去单一的教师培训机构向承载多元职能的教师研训机构、教师发展规划机构、教师发展实践指导机构转型。

（一）从单一的教师培训机构到综合性的专业机构

多数机构立足突破多年发展路径依赖，不断提高站位和拓宽视野，不再局限于长期以来的"教师培训"单一业务，开始向为教师发展提供综合服务的专业机构发展。如宜宾市翠屏区教师培训与教育研究中心以"做教育思想的激荡者"为校训，围绕"精准研训"的理念，遵循专业化、多功能和大服务的基本原则，努力将"中心"建设成为教育科研指导中心、教学研究指导中心、教育质量监测中心、教育决策咨询中心、教师专业发展培养中心、教育资源和信息中心，形成"研训一体化"的工作体系，把"中心"建设成为翠屏教育改革与发展的"智囊团、参谋部、服务站"，为全区200余所学校发展、6000余位教师和110000余名学生成长提供专业保障。

（二）从开展具体教师培训项目到注重切实助力教师发展

过去，县级教师发展机构更多基于已有工作布局和工作经验开展面向新教师、骨干教师或不同学科教师的具体培训项目，以培训项目为全年工作的主要样态。改制后的县级教师发展机构则开始关注提升教师培训的实效性。如深圳市龙岗区教师发展中心通过对已有发展历程进行系统梳理，确立了以教师需求为中心，以科研为后盾，以改善教师成长环境为支撑，以课程体系建设、培训师队伍建设为重点，统筹协调教师个性化学习与规模化培训的工作思路。在具体操作上采取三种方式齐头并进，即联结工作场域——回应需求；打造生态化学习社区——引领需求；融通线下实景课堂与云端虚拟课堂——创造需求。经过长期研究、实践和探索，逐步形成了基于三态逻辑的区域教师内驱式精准赋能专业成长生态系统的"龙岗模式"。打破传统的周期培养模式和名额限制，创设"五阶考核达标认证"机制，以达标考核的形式推行每年都可以自主申报、达标即可自动晋级到更高梯队的制度，有效缩短了优秀教师的成长时间。2022年，又调整优化了梯队达标考核的具体方案，变必达项目为自选项目，结合个人积分制进行考核，拓宽了优秀教师的成长空间，并进一步增强了教师成长的内驱力。

（三）从培训课程中介服务者到培训课程主体构建者

过去县级教师发展机构主要作为中介服务机构，通过聘请各方资源开展相关培训项目。进入 21 世纪，县级教师发展机构转向培训课程的主体构建者。例如，纵观 20 余年的研修工作，五常市教师进修学校始终秉持"研究、引领、服务"的办学宗旨，按照"服务一线教育教学，落实立德树人根本任务，培养全面发展的人"的办学目标，紧跟上级改革步伐，结合本校、本区域实际，在改革中奋进，在坚守中破局，在困境中寻找转机。从 2001 年开始的第八轮国家基础教育课程改革到 2005 年黑龙江教师发展学院组织的"国培活动"、2008 年哈尔滨市教育局组织的为期五年的"教师岗位大练兵活动"及 2021 年启动的"教师信息技术应用能力提升工程 2.0"，五常市教师进修学校始终以"打铁还需自身硬"为理念，在服务基层学校、引领教师发展的同时提升研培员的专业素养，提出"涵养教学领导力"的研培员发展目标，以高素质的引领者引领教师高素质发展、成就高素质的教育。领导力不是"领导＋权力"，而是"引领＋指导"，把每一门学科打造成一个学习型组织，在组织内部建立共同遵守的文化、愿景、价值观，以实现团队学习、心智转变、自我超越、发展学科、成就学生的目标。通过涵养研培员的"教学领导力"，建立一支专业、敬业的研培员队伍，进而实现进修学校服务学校教育教学、服务教师专业成长、服务学生全面发展、服务教育管理决策的职能。

过去，深圳市龙岗区教师发展中心培训主要依靠外购课程，难以满足所有教师的实际需求；培训师资方面存在的主要问题是，跟谁熟请谁来，谁能上请谁来；外请专家培训时，专家名气是考虑的关键因素；培训的主要目的是解决学时问题；培训管理以考勤等行政性手段为主，比较容易激起教师对培训的抵触情绪；等等。后来，深圳市龙岗区教师发展中心转向内力挖掘和本土资源打造，着手课程建设和培养培训师：采取进修学校自研和面向全区的学科带头人及名师征集课程的方式，形成了较为完备的课程体系；同时采取"五能四步"模式，培养自己的本土培训师。"五能"是指能上课、能研究、能评价、能培训、能策划，这既是对培训师基本能力的要求，也是对其角色的要求。"四步"是指培训师培养的流程，包括选、育、用、留四个步骤，即根据课程需要，通过个人自主申报、学校择优推荐、集中进行课程开发和授课技能培训、课程评审、试讲考核、资格认定，获得授权后方可成为本课程的执行讲师。

三、研修模式优化

各地县级教师发展机构不断优化研修模式，突出精准研训、实践导向、研训一体等。

(一)坚持精准研训的基本理念

各县级教师发展机构注重全景式的需求分析，把需求调研作为精准研训基础，紧跟政策走向，把握政策刚需，同时结合视导将调研贯穿研训全过程。例如，深圳市龙岗区教师发展中心注重全方位的精准调研和需求了解，通过细分研究，把促进区域教师发展的问题整合为三大类。一是路径问题，即如何促进教师个性化发展和教师群体共同成长，如何促进处于不同发展阶段的教师成长，如何设计学习路径，如何解决工学矛盾。二是供给问题，即培训课程从哪里来，培训师从哪里来，促进教师发展需要哪些制度保障。三是环境问题，即如何提供教师成长需要的良好人文环境，如何建设教师成长需要的科研协作环境，如何建设教师成长需要的实践环境。

(二)坚持机制、方式和课程的三位一体创新

深圳市龙岗区教师发展中心注重机制、方式和课程三位一体的研训模式创新。在培养机制方面，打破了传统的周期培养模式和名额限制，创设了"五阶考核达标认证"机制，有效缩短了优秀教师的成长时间。此外，调整优化了梯队达标考核的具体方案，拓宽了优秀教师的成长空间，增强了教师成长的内驱力。

在培养方式方面，启动教师"1+2"特色岗前培训，即 1 支牵头团队(区教师发展中心)＋2 支专业团队(学科专家团队、引航专家团队)的项目融合模式。坚持集中培训与学科培训相结合，任务驱动与量化评价相结合，输入加输出相结合，充分激发教师自主发展的强大内驱力及对团队的认同感，

实现高效精准培训。

在培训课程方面，借助"五课三平台"（面授课、直播课、慕课、微课、音频课，直播平台、慕课平台、手机端 App）和"互联网＋"，构建龙岗区立体化教师培训课程体系，实现随时随地随意学习，有效缓解了工学矛盾，累计开发了 2000 余门面授培训课程，征集微课及慕课作品 2 万多集，成功举办了龙岗课博会。

（三）训用结合，构建模块化课程矩阵

依据教育教学工作的多元化需求，不同发展阶段、不同岗位教师的发展需求，以及教育改革发展的任务和新要求构建多模块教师发展课程体系。例如，宜宾市翠屏区教师培训与教育研究中心就搭建了如下课程模块。

1. 分层级建模，筑全员提升"立交桥"

依托以师培中心为主体的"高端—区级—片区—学校"四级研训平台，以"师德铸魂＋能力打底＋实践提升"为重点构建"师德修养—教学技能—教学实践—班队管理—专业发展"教师全员培训课程体系，以"专家辅导＋研修共同体（片区研修、名师工作室、校本研修）"为主要载体，分层级、全方位开展全员培训。

2. 分类别建模，铺岗位成长"高速路"

根据教师发展不同阶段、不同岗位的实际需求，分类建构培训课程，以满足不同层次、不同岗位教师个性化发展需要。以师德修养、教学基本功、综合能力提升培训为重点，培训中小学、幼儿园新教师。以思政修养、教学管理、教育科研、课程建设为重点开展各类骨干教师、高级教师培训。以"党性教育、学校建设、教育管理、素质提升、实践体验"为重点为新任校园长、中青年后备干部、学校中层干部开设专班。

3. 分专题建模，开新政落地"直通车"

精准把握政策导向，开展各类专题研训，开通教师专业发展、课程改革需求与新规新政落地"直通车"。构建"政治素养—教学能力—课程建设—实践体验"等课程模块。举办"五育融合""劳动教育""课程思政"研讨，开展中小学思政课一体化建设研训、德育与心理健康教育研训、劳动教育研训，

开展"双减"背景下"减负增效"专题作业设计、集体备课、教学改革、课程构建、案例征集等系列研训活动。

(四)研训一体，运用立体型培训方式

1."教育科研"引路，研究成果丰

构建"校本研训项目化""常规教研主题化""课题研究本土化"的"闭环式"工作体系。全区现有研究课题 259 项，其中国家级 1 项、省级 21 项、市级 44 项。"区域学校艺术教育优质均衡发展的推进机制"获 2021 年四川省教学成果特等奖，另获 2 个一等奖、10 个二等奖。定期举办优秀校本课程评比活动。

2."交互研训"主打，参与人数广

充分发挥集中培训主阵地作用，"混合式""对话式""项目式"的研训方式交互进行，贯穿始终。充分发挥现代教育信息技术手段，运用各种平台开展线上培训；组织开展"劳动教育""课程思政""混合研训""对话'双减'、聚焦'课改'""我与'课改'"等热点话题对话活动，常态化开展多层次、多维度的"对话式"集中研训和"项目式"研训，每年参训 15 万人次以上。

3."展评体验"搭台，规格档次高

完善制度，如宜宾市翠屏区出台《宜宾市翠屏区中小学、幼儿园教师优质课展评和论文评选管理与奖励办法（试行）》，注重集赛、展、评于一体的"体验式"研训，遴选 4 所"国培"基地校，常态化开展"同课异构"教学竞技、征文比赛。举办年度校长和教师全员赛课，分专题举办尝试教育现场研讨会、"四史"教学展评、劳动教育现场会、智慧教育现场会、教育科研和学校课程建设优秀成果展评、学生作业设计展评、名师工作室展评、课后服务案例评比，推广优秀成果。

(五)内外联动，开展延伸性研训服务

1. 实施"嵌入式"综合视导

将研训重心下移，深度嵌入。按照"一校一案""一科一案"的要求制订"视导案"，每周由教体局、师培中心领导及部室负责人率队至少进入一所学校开展全方位"诊断"，开出"诊断书"和"处方签"。定期开展视导"回头看"，检查指导学校对照"处方签"整改落实情况。

2. 推行"订单式"送培送教

根据学校需求，组建骨干教师团队开展送培送教下乡活动。应翠屏区定点帮扶的雷波县需求，开展送培送教活动，组织全区学校分别与雷波县不同学校组成"校联体"，实现"一对一"精准帮扶。活动受到雷波县各界欢迎和一致好评。

第二节　县级教师发展机构专业能力的现实体现

综合五家县级教师发展机构采取的主要举措来看，县级教师发展机构专业能力的现实体现主要包括加强党建统领、坚持制度先行、突出教育者先行和借助数智赋能。

一、党建统领，凝聚组织共识

完善"党建＋研训"模式，把党组织建在学段、学科"链"上，让党员骨干挺在重大研训项目"线"上，推动党建工作与研训工作深度融合，落实"一岗双责"和党总支委员对应联系部室及学校制度，党总支委员同时兼任部门负责人；将党总支下属支部分别建在各学段研究室，选优配强党支部书记，完善责任清单。要求各党支部书记和部门负责人对照"任务清单"一月一述职，研训员年终述职展示，使党建和研训工作无缝对接、相得益彰。选优配强研训员队伍，以本级研训员为主体，建构由"高校及研训机构专家、教研员、名师名校长"组成的研训团队。落实研训员定期到学校跟岗锻炼制度和对应联系学校制度，健全研训员内训和外培制度，定期举行"赛干劲、晒项目、看成效"展评活动，间周一次的职工大会均安排研训员轮流上台展示研训经验或分享阅读成果，营造"人人争先、样样进位"的浓厚氛围。

二、制度先行，提升治理现代化水平

制度是工作的保障，虞城县教师发展中心成立之初，首先致力于各项

制度的建设工作。《虞城县教师发展中心各类人员工作职责手册》《评优评先制度》《教师发展中心委员会工作制度》等一系列制度的制定与落实，促进了教师发展中心各项工作的有序开展。严格坚持每周例会制度，分部室由领导组成员和骨干教师轮流带领大家学习。学习结束以后，要求每人写一篇心得体会，并把心得体会的完成情况和个人的量化考核工作相结合，作为评优评先的依据，以确保工作的向心力和团队思想的纯洁性。

三、教育者先行，聚焦队伍能力提升

各县级教师发展机构均注重自身队伍建设。例如，五常市教师进修学校聚焦教研员教学领导力提升，帮助研培员"涵养教学领导力"，进而把每一门学科打造成一个学习型组织，在组织内部建立共同遵守的文化、愿景、价值观，以实现团队学习、心智转变、自我超越、发展学科、成就学生的目标。进入新的发展周期，五常市教师进修学校从"自觉觉人"中深受启发，以"教学领导力"提升研培员专业素养。在这一实践探索中，研培员通过"使自己觉"（自觉）——"去觉别人"（觉他）——"让别人觉"（他觉）三个阶段，提升自己，成就教师，发展区域教育。学校更是在这一过程中抓特点、育特长、成特色。"教学领导力"在五常市教师进修学校发展进程中既是价值观，也是方法论。"教学领导力"为这所学校开辟了发展新领域、新赛道，塑造了发展新动能、新优势。

（一）教研员领衔工作室

教研员作为主持人领衔学科工作室，构建学习共同体，催生"小而微"的研培员专业学习方式。每一个工作室即一个学习型组织，为了共同愿景而共同行动；每一个工作室即一个教研微组织，以小团队探索新时代新型教研之路。教研员领衔学科工作室的指导思想是"问题导航、课题提升、阅读滋养、共研赋能、辐射带动、种子萌生"。"种子萌生"指的是工作室成员的成长，即工作室的目标除了发挥辐射引领作用之外，更重要的是让工作室成员（包括主持人）首先成为研究者、学习者，让他们通过共研共生，首先获得发展，成为可以带动他人的"种子教师"。通过工作室这样一个教研微组织，以频繁、高密度的研究活动，激发、引导教研员成为研究型、学术型"主持人"，进而以教研员的成长推动五常市教师的学习、研究风气。

（二）研培员申报科研课题

五常市教师进修学校研培员通过主持各级各类课题涵养"教学领导力"。学校的教育科学研究所由过去的"门可罗雀"变成了如今的最"热闹"的办公室。经常有研培员向教育科学研究所的同事请教关于课题研究的"专业问题"。在实践中，研培员真正认识到科研课题是催生深度思考、深度教研的最有效、最直接的路径。承担科研课题让研培员朝着成长专业化、研培活动科学化的方向前进。

（三）项目支持，满足个性研培需求

根据五常市及上级有关部门工作要求，五常市教师进修学校引导研培员科学设计项目，以项目为驱动，以问题为导向，以信息技术有效应用为切入点，以"再学杯"大赛为载体，切实发挥"研培基地"的作用，有计划地聚焦热点、难点、有价值的问题，以此提升研培员发现问题、解决问题、升华问题的能力。例如，以构建课堂学习共同体为基本策略，加强教与学方式研究与实践，让学习真正发生，实现深度学习。又如，在推进区域课程教学改革项目中，研培员在传统学科课堂教学中加强理念融合、学科融合、技术融合、方略融合，经过尝试探索，在翻转课堂、项目式学习、创客教育等方面皆有所突破。几年来，研培员还在教学方式变革、研培课程建设、学科研培基地建设、家庭教育指导等项目中找到了兴趣点、研究专长，成长的方向更明确、效果更明显。

（四）多元阅读＋专业表达

在涵养"教学领导力"过程中，五常市教师进修学校探索出了"多元阅读＋专业表达"的实践路径。这是一个"见识为王的时代"，研培员的"见识"决定着一个区域学科教学的"高度"。对此，学校一方面倡导研培员从"多元阅读"中广泛涉猎，开阔视野，另一方面锤炼其"专业表达"。宏大而思辨的见识，最终服务工作时要凸显"专业"方式。为此学校开办每月至少两期的研培员"日新论坛"。"苟日新，日日新，又日新。"课程研发、课标解读、课

堂实践、课业负担，一个个专业话题在论坛中酝酿、碰撞、清晰；现场学习力、研培胜任力、教学领导力，在一场场论坛中研磨、生长、呈现。

四、数智赋能，全面提升服务精准性

随着数字技术的快速发展，各县级教师发展机构注重利用数智技术提升自身综合实力。如深圳市龙岗区教师发展中心开发了四课——微课、慕课、直播课、面授课，搭建了三平台——直播学习平台（CCtalk校园版）、在线课程超市（优师云课程超市）、龙岗星辰（微课程发布与共享平台），形成了区域性开放、共享、多元的教师培训课程资源库，正在逐步实现基于互联网＋的5A①学习。学习便捷性提升，知识获取渠道增多，教师潜在的培训需求更易被激发，新的需求更易被提出，而新的需求需要新的途径和方式去落实，这就形成了螺旋上升式发展。

第三节　县级教师发展机构专业能力提升的突出成效

近些年，各县级教师发展机构经历机构重组、职能定位转型、研修模式优化之后，通过多样化举措，切实提升了自身专业能力。具体体现在以下几个方面。

一、县级教师发展机构人员走向专业化

俗话说，打铁还需自身硬。各县级教师发展机构充分认识到教育改革发展带来的新形势和新挑战，注重打造自身队伍，从源头上提升自身专业能力，特别是培养一专多能的研培者队伍。例如，五常市教师进修学校大力倡导涵养研培员"教学领导力"，通过加强研培员基础教育理论、政策和实践研究，提高教育决策的科学化水平，引领区域课程教学改革，提高教

---

① 5A，即任何人（anyone）、任何时间（any time）、任何地点（anywhere）、任何设备（any device）、任何东西（anything）。

育教学质量；研究教师（校长）学习和成长规律，引领教师（校长）专业发展，指导校长提高课程教学领导力、教师改进教学方式和育人方式，不断提升校长办学水平和教师的教书育人能力；研究学生的学习和成长规律，促进学生综合素质的提升，指导学生健康成长。一支具有自觉性、主动性、创造性、专业性、协同性、人文性的研培员队伍成为教师进修学校最宝贵的资源。

二、县级教师发展机构科研引领力不断提升

五常市教师进修学校提出以科研课题立项为导向、以科研论文撰写为载体、以小课题研究为切入点，提升五常教师的研究意识、研究能力的工作目标。例如，小课题研究进一步聚焦热点、难点问题：联系教育教学一线开展研究，引领并指导学校和教师加强校本教研，改进教育教学工作，形成在课程目标引领下的备、教、学、评一体化的教学格局；深化混合式教研模式研究，每学科每学期至少要进行一次教研活动网上直播，深入探索研培活动方式新机制等。为切实提升科研实力，五常市教师进修学校倡导教师在教育教学理论的指导下，把自己的研究过程、实践操作过程及取得的成果以论文、案例、反思等多种形式表述出来，保证成果的原创性和创新性。回归研究本质，真正实现以科研破解教育教学中的真问题，以科研改进教育教学实践。

三、构建县域教师发展新生态

县级教师发展机构基于县域教师队伍建设现状，特别是县域教师发展的需求与特点，通过多种路径构建促进教师持续发展的良好生态。例如，深圳市龙岗区教师发展中心聚焦教师成长模式构建，以课程开发为抓手、以能力水平达标为依托，线上直播学习与线下考核认证相结合，旨在增强教师成长的内驱力。面对实践中教师成长存在的惰性和盲目性，县级教师发展机构着力解决成长动力问题和发展保障问题，进而提供务实高效的成长路径。教师根据自身情况自主选择参加培训，申报考核过关，由过去的

"要我学"转变为"我要学",实现了"我的成长我做主"。关注"人"的层次,采用"狠抓内生动力"的策略,通过研"事"寻"理",对传统的"赋名激励"(教坛新秀—骨干教师—学科带头人—教育专家)和"职称评聘"(初级—中级—副高级—正高级)两种方式进行了优化重构,建立了"五阶梯成长路径"(见图 5-1),变周期评选为达标认证,将被动的能力评判变为主动的行动达标。这样,每位教师都有机会从"被造"者,转变为"自造"者,极大地激发了自我提升的内驱力,营造出区域教师主动发展、争先发展、积极向上的文化氛围。与此同时,充分挖掘区域资源,教师学到的就是身边的优秀教师所提供的本土经验,适应本区域的教育生态,契合本区域的学情校情。

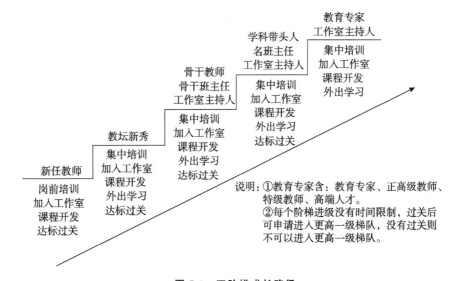

图 5-1 五阶梯成长路径

四、县域教育发展质量全面提升

在县级教师发展机构助力下,各区县教育发展质量全面提升,课程改革有力推进,素质教育深入推进,各级各类教育改革深入推进。例如,深圳市龙岗区教师发展中心助力龙岗区获得多项、多类别教育教学奖,特别是 2019 年国家义务教育质量监测,龙岗区的语文、艺术学习质量监测结果,被广东省教育厅作为典型案例报送教育部(全省仅三个典型案例)。

未来，县级教师发展机构将在培训者的能力建设、研训课程的有效建模、研训方式的深层研究、研训资源的开发使用、研训基地的功能拓展、研训评价的跟踪监测等多个方面，不断更新教师研训理念，有效借力信息技术手段，进一步丰富教师研训模式的理念内涵和实践策略，为推动区域教育高质量发展做出新贡献。

第六章　县级教师发展机构的未来样态

综合以上证据，本章将从新型组织样态、新的培训理念和新的专业发展模式三个方面指明未来县级教师发展机构改进的路径和方法。

第一节　县级教师发展机构的新型组织样态

面对新时代高质量教育体系构建、高质量教师队伍建设，县级教师发展机构的组织定位、组织功能需要系统变革和全面升级。从历史上看，县级教师发展机构从以提升教师学历为主要职能，到开展教学教法研究，再到新课标、新课程的落实研究，到今天，县级教师发展机构应该发挥更加全面、更加顶层、更加系统的作用，成为县域内教师队伍建设的综合专业智库。

一、新型县级教师发展机构的组织定位

为适应教师队伍建设的新形势和新要求，新型县级教师发展机构应有如下新定位。第一，统筹协调。统筹协调本地区各级各类教师专业发展，在对不同岗位、不同学科、不同发展阶段教师进行全面深入调研的基础上，

给予系统、全面、精准的专业支持和引领。① 第二，专业引领。给予教师专业化的科学指导，引领本地区教师开展多路径学习，实现教师的专业发展。② 第三，政策咨询。作为本地区教育发展特别是教师队伍建设的智库，基于大量实证数据和对国家宏观教育政策的把握，提出咨询方案。

(一)从单一培训机构到综合专业智库

总体而言，县级教师发展机构要从单一培训机构转变为综合专业智库。国家政策指出县级教师培训机构应该发展为县级教师发展中心。早在 2013 年，《教育部关于深化中小学教师培训模式改革全面提升培训质量的指导意见》就要求：各地要依托现有资源，加快推进县级教师培训机构与教研、科研和电教等部门的整合，建设县级教师发展中心，发挥其在全员培训的规划设计、组织实施和服务指导等方面的功能。2015 年，《乡村教师支持计划(2015—2020 年)》明确要求：整合高等学校、县级教师发展中心和中小学校优质资源，建立乡村教师校长专业发展支持服务体系。

从外在形态上看，县级教师发展中心将培训、教研、科研和电教等单位整合为"一家"；从内在功能上看，其履行的是支持服务教师专业发展的职责。"支持服务"的功能定位，使得县级教师发展机构不再是单一职责的培训机构，而应肩负起县域内教师培训、教育科研和教育信息化等的政策咨询、组织实施、服务指导和管理评价的职责。因此，县级教师发展机构必须具备研发特质，即调查研究教师专业发展现状与需求，设计开发支持服务教师专业发展的项目，使培训品质提升成为可能。

(二)从资源分散型组织到资源整合型组织

首先，实现课程资源整合。构建覆盖县域内各个学段、各个学科、各个岗位、各个领域教师专业发展的课程体系，实现基于教师需求的线上线下自主选学功能。

---

① 宋萑，朱旭东. 论教师培训的需求评价要素：模型建构[J]. 教师教育研究，2017(1)：1-7.

② 朱旭东. 论教师的全专业属性[J]. 教育发展研究，2017(10)：1-7.

其次，实现专家资源整合。县级教师发展机构应基于实际需求和发展目标培养理论专家、政策专家和实践专家。各类专家应真正了解本领域教师，真正促进教师专业发展。

最后，实现项目资源整合。培训项目应从过去分割式的培训、研修和科研三大板块转向基于教师真实需求的一体化发展项目。

二、新型县级教师发展机构的组织职能

在新型县级教师发展机构定位下，县级教师发展机构要履行好以下组织职能。

(一)县域教师队伍的专业评价者

作为县域内促进教师发展的专业机构，县级教师发展机构是最贴近教师、最了解教师且最能持续服务教师发展的专业机构，其一切项目设计及活动开展要基于本县域内教师队伍的真实状况，而不是一般意义上的规划或政策要求的简单执行。为此，县级教师发展机构首先要做好县域内教师队伍的评价，只有把握了教师队伍的总体状况、突出问题及主要需求之后，方可谋划和开展系列专业发展活动。这一评价需要从多个维度开展。

1. 做好教师队伍状况基础评价

根据教师队伍的基本信息数据，明确教师队伍的总体状况。例如，通过教师队伍的学段、学科状况，明确学段、学科短板及优势；通过教师队伍的年龄状况，明确各年龄段教师的分布情况，不同年龄段教师的发展状况及需求是有差异的；通过教师队伍的梯队状况，明确当下不同学段、不同学科的教师梯队如何；通过教师队伍的集团或学校分布，明确哪些学校的教师队伍卓越而哪些学校短板明显；等等。基于此，既能为县域内教师队伍建设提供规划和指导，为教师队伍建设决策服务，又能引导、支持和促进教师专业发展，为教师发展实践服务。

2. 做实教师素养专业评价

从历史变迁来看，县级教师发展机构最核心的职能是能够深入教师教育教学实践场域，指导教师开展教育教学研究。因此，县级教师发展机构

可以通过表现性评价方法，基于教师教学行为对其师德素养、教育教学能力、班级管理能力、沟通合作能力、专业发展能力等方面进行客观评价，特别是能为现实中过于关注课堂、学科教学而忽略其他专业能力发展的教师提出有效的发展建议。

3.注重教师发展实践评价

县级教师发展机构还需对教师发展的实践进行深度持续性评价。作为定向服务特定教师群体的专业机构，县级教师发展机构有天然的便利条件和组织使命对教师参与的各种专业发展活动进行跟踪评价和实践指导，为教师在培训中所学习的理论、技术、方法向实践转化提供专业支持。此过程也是对教师参加不同培训的效果的实践评价，从中总结更有效的培训模式和培训方式，既是对各级教师培训体系的有力补充，也是对教师自身专业能力的有效反哺。

(二)教师专业发展的综合研究者

县级教师发展机构必须成为教师专业发展的综合研究者。教师专业发展的综合研究者需要全面了解教师专业发展的理论和实践，精准把握教师专业发展的现实问题和困境，科学定位教师发展的真实需求，系统供给有效促进教师专业发展的路径和策略，研究县域内教师队伍的总体优势和突出不足，形成鲜明理念和有效路径，以彻底扭转过去经验式、路径依赖式、拿来式培训的局面，真正基于研究开展科学有效的培训。

1.系统研究教师发展理论

通过各种项目以及协同有关专家开展教师发展的基本理论、教师发展的本质理论、教师发展的有效路径理论、新时代教师发展的新特征理论等系列理论研究，深刻回答"教师发展是什么""为什么要促进教师发展"，以及"如何从县域层面促进教师专业发展"等问题，为各项具体工作提供根本理论遵循。

2.深入研究教育教学改革政策

深入研究教育教学改革政策，理解政策的背景，把握政策的目标，找准政策落地的关键和抓手，通过将国家政策本地化，更好地帮助教师落实和践行各种新政策。例如，深入研究"双减"背景下教学提质增效的路径和方法，通过设立区域专项项目，聘请相关专家，建立示范学校、跟进学校和带动学校等不同层面的项目基地学校梯队，研究出符合区域特点、适合学校基础的有效行动路径和具体策略，进而提升区域总体水平。

3. 全面研究教师队伍建设现状

通过多元数据和资料深入研究本区域教师队伍的现状，既要从区域的角度研究总体，包括发展趋势、结构现状、素质状况和突出不足，如教师配置是否合理、结构是否合理、专业素养能否满足需要等；又要从微观角度研究不同发展阶段、不同学段、不同岗位、不同学科教师的发展现状。既要与国家要求对标，又要与区域教育改革发展要求对标，还要与先进地区对标，将现状的材料、数据经过研究转化为证据，找准坐标，进而明确目标和方向。

4. 科学研究先进经验和做法

县级教师发展机构贴近实践、了解实际，应该出方案、出实招、出有用的招。要通过实地参观、跟岗学习、专题研讨、经验交流等，研究本省域、其他省域的县级教师发展机构引领教师发展的有效制度、项目、做法和经验等。在此基础上，综合考虑区域内如何加强教师队伍建设，为决策提供咨政。从作为最接近教师发展场域和实践的专业机构的角度来给予学校，给予不同发展阶段、不同学段、不同岗位、不同学科教师专业的意见引领和行动指导。

(三)引领教师发展的直接实践者

鉴于县级教师发展机构在教师培训体系中的特有定位，其根本职能不仅仅在于专业评价、综合研究，更重要的是在践行好这两大职能的基础上将评价结果和研究结果综合应用到实践中。

1. 助推国家政策有效落地

基于评价明确教师发展的优点和不足，将国家政策与地方实际紧密结合，找到政策落实的有效出发点和着力点。例如，就如何落实"双减"政策，县级教师发展机构统筹规划，开发设计面向不同类型学校的具体项目，如课堂教学提质增效项目、作业设计项目等，切实实现课堂教学提质增效的要求。把上级政策、上位理论与真实的教师队伍、教师发展实践紧密结合，助推国家政策有效落地，真正实施，真正见效。

2. 基于理论规划与设计教师发展项目

基于教师发展阶段理论，关注不同阶段教师的关键需求，如设计面向新入职教师的课堂教学常规指导项目、面向成熟阶段教师的教学经验提炼项目、面向骨干教师的科研能力提升项目、面向专家型教师的示范性项目等，从而促进教师持续发展。基于教师发展有效路径理论，多开发设计持续性、行动研究式项目，而尽量减少讲授式、理论学习的项目，通过构建学习共同体，基于理论学习、实践探究、实践反思等多种方式帮助教师解决具体教育教学实践问题，引领教师更新教育理念，实现自身进阶发展。

3. 开展面向不同需求的专业发展项目

综合以上结论开展面向不同发展阶段教师的支持项目，如面向新入职教师的教学适应能力提升项目、面向成熟阶段教师的教学效能提升项目、面向骨干教师的教学模式提炼项目、面向专家型教师的教学理念构建项目等；开展面向不同学科教师，体现课改精神、落实学科育人本质的教育教学能力提升项目；开展面向班主任、教学主任、德育主任等不同岗位的岗位胜任力培养项目；开展面向师德素养培育、班级管理能力、家校沟通能力、数字教育能力等关键领域的专业支持项目；开展面向中学教师的中高考研究及教学改进的专项项目；等等。

(四)多方力量和资源的有效协同者

鉴于县级教师发展机构在整个教师教育体系中的独特地位，以及着眼于为县域教师队伍建设综合智库的职责使命，县级教师发展机构需要协同好上下、整合好左右相关力量。

1. 协同好各级培训体系

近年来，国家建成了五级联动的培训体系(国培—省培—市培—县培—校培)。教师培训的效果在很大程度上取决于各级培训体系之间的协同和配合。为避免交叉重复和资源浪费，不同层次培训的定位和对象有所侧重和区别。县级教师发展机构应发挥好纽带作用，特别是做好培训前的需求调研工作和培训后的跟踪指导服务，将本区域教师的总体状况、真实需求和发展目标等关键信息传递给各级培训机构，密切参与各级各类培训项目，并及时给予反馈，同时建立健全相关机制，确保参训教师返校后能够进行实践应用和示范引领，确保各级培训效果的落地。

2. 协同好教师发展的决策者、研究者和实践者

决策者明确战略和方向，研究者拥有理论和方法，实践者占有实践场域，县级教师发展机构需要协同好这三方力量，构建县域教师发展政策、理论和实践专家库，发挥好专家咨询、指导和评估等多方面的作用。例如，在规划与设计阶段，多邀请相关决策者和研究者共同参与，以加深对政策的理解，并提高本区域教师发展项目规划的科学性和系统性。在项目实施阶段，多邀请其他区域实践者参与，整合其他区域的先进典型经验，以提高项目的实效性。

3. 协同好区域、学校、教师队伍和教师个体

县级教师发展机构既要服务好区域教师队伍整体发展，又要服务好教师个体发展，还要满足学校层面的需求，更要着眼于区域教育改革发展。因此，在不同环节，要关注和体现不同层面的需求，既要设计区域层面的整体项目，也要选取不同的样本学校开展深入定点指导和服务。例如，北京市海淀区成立优秀种子教师工作站校级工作室，通过驻点学校，开展深入研究和实践，同时根据区域教师队伍整体状况设计面向特定群体的持续性项目。

第二节 "精准培训"理念主导县级教师发展机构

"精准培训"成为近几年教师培训政策的重要导向。教师培训的本质是培训者作为教育者、教师作为受教育者、培训内容作为教育内容的教学活动，而"精准培训"则指向培训作为教师的学习活动的价值达成。从学习的

基本要素来看，传统教师培训的被动启动范式、接受式学习方式、理论化学习内容和认知取向的评价均难以达到"精准培训"的效果。基于教师学习的"精准培训"需要实现以下四个转型：学习启动由行政安排到自我驱动，学习方式由被动接受到主动建构，学习内容由理论逻辑转向实践逻辑、学习评价由即时主观感受转向持续实践改进。

"精准培训"是未来我国各级各类教师培训改革的方向和目标。2021 年两会期间，习近平总书记强调"要加强中西部欠发达地区教师定向培养和精准培训。"随后，《教育部 财政部关于实施中小学幼儿园教师国家级培训计划（2021—2025 年）的通知》明确提出"强化分层分类，实施精准培训"。2022年，《新时代基础教育强师计划》再次强调"深化精准培训改革"。理解和认识"精准培训"需要充分把握其提出的背景，将其置于我国教师培训总体事业的改革发展历程中来审视。自 1999 年《中小学教师继续教育规定》发布以来，我国教师培训进入制度化快速发展阶段，特别是 2010 年"国培计划"的启动实施，教师培训的经费投入、制度建设和覆盖群体等均呈现出前所未有的发展速度。但与培训的巨大物力、人力投入相比，教师培训效果并未达到理想预期①，根本原因在于当前教师培训的"不精准性"。"精准培训"首先要回到培训作为教师学习活动这一本质上来。这一学习活动的根本功能在于促进教师专业发展，进而实现促进学生全面发展的终极目标。因此，"精准培训"需要从学习的视角对培训的各要素进行重构。

一、"精准培训"的核心指向

培训要实现"精准"首先就要符合教师学习的本质和规律，反映其本质属性和特征，实现其价值和目的。

（一）教师培训的本质内涵是教师学习

研究表明，促进教师专业发展有多种路径和模式，但无论何种路径或模式，其本质都是教师在外界的组织与支持下的一种学习活动，需要教师

---

① 刘洋. AI 赋能教师培训：教育意蕴及实践向度［J］. 电化教育研究，2021(1)：64-71.

作为学习者的主体性投入和付出。没有教师这一主体的积极参与、主动付出，教师培训将沦为负担或摆设。① 不同研究从不同视角呈现了教师专业发展的学习本质和属性。一是教师学习是教师通过自己的努力不断成长的持续过程，教师培训的组织者和实施者可以帮助教师认识到"他们有潜力通过加深对自己和学生的认识和理解成为更好的教师"②。教师培训是一个提高教师学术地位和帮助其在课堂内外履行其专业义务时获得更大能力和提高效率的过程。③ 二是教师学习要基于自我的已有经验和实践，即要基于教师个体的经验以及对自己实践的系统分析的一种持续不断的思考和行动态度。三是教师学习是贯穿其职业生涯始终的学习过程连续体，即"整合不同类型的机会和经验，系统规划，以促进专业教师的成长和发展"④。

(二)教师学习的基本属性是实践性

教师培训的本质是成人学习，成人学习的目的在于直接运用所学知识解决现实问题，因而教师培训应该具有鲜明的学以致用的导向和过程。教师带着教育教学实践中的真实问题展开学习，并用学习所得有效解决这些问题。教师学习的实践性体现在学什么(学习内容)、在哪里学(学习场域)以及怎样学(学习方式)三个维度上。首先，学习内容源于实践需求并以实践逻辑展开。培训主题的确立及培训课程的开发要坚持实践逻辑，跳出教师专业发展的专业理念、专业知识、专业能力等基本学理逻辑，直接面向教师工作的具体实践，以教师教育教学实践中的师德修养、班级管理、学科教学以及专业发展为一级逻辑展开，以教育教学实践中的问题和需求为

① Kennedy，A. Models of Continuing Professional Development：A Framework for Analysis[J]. Journal of In-service Education，2005(2)：235-250.

② Pokhrel，T. R. & Behera，S. K. Expectations of Teachers from Teachers Professional Development Program in Nepal[J]. American Journal of Educational Research，2016(2)：190-194.

③ Head，K. & Taylor，P. Readings in Teacher Development[M]. Oxford：Heinemann，1997：5.

④ Villegas-Reimers，E. Teacher Professional Development：An International Review of Literature[M]. Paris：International Institute for Educational Planning，2003.

统领，将相关的理念、知识、策略、方法有效组合，真正形成教师的专业智慧。此外，培训主题及其支撑课程需要源于实践，即通过多途径深入调研，真正把握教师的真实需求、当下需求、潜在需求等。其次，学习场域嵌入教师工作真实场景。培训场地一定要嵌入真实教育教学场景，以帮助教师实现学习与实践之间的有效对接。众所周知，教育具有极强的情境性。教师在培训中的学习所得要想真正影响自己，改进实践，就需要与自己的教学情境紧密对接。如果所学理念、经验或做法的产生场域与自己的实践场域差别太大，则其只能停留在认识层面，最终因"水土不服"难以真正影响和改进实践。最后，学习方式以实践方式进行。教师学习必须是行动式学习、体验式学习、参与式学习，而非讲授式学习、隔离式学习、参观式学习，也就是要围绕真实需求和问题开展研究式学习、研讨式学习、互动式学习，即教师始终带着自己的实践问题或困惑投入学习。

(三)教师学习的根本价值在于改进实践

教师培训的根本价值是改进教育教学实践，为当下和未来工作赋能。[①]一方面，教师学习要始于当下具体的教育教学实践问题，通过参加培训等专业发展活动获得即刻就能投入使用的知识和技能以解决当下的问题，这属于教师培训的"装备"功能；另一方面，教师学习也要着眼于未来教育改革发展的形势、要求和挑战而形成得以适应和胜任未来教育教学实践的能力，这属于教师培训的"赋能"功能。

富兰等学者指出教师培训试图通过改变教师的信念和态度而带来课堂实践和行为的改变，但往往事与愿违。有研究指出，不能给教师带来改变

---

① Wajnryb, R. Classroom Observation Tasks: A Resource Book for Language Teachers and Trainers[M]. Cambridge, Cambridge University Press, 2002: 12, 15.

的培训是无效的。① 因此，教师培训要真正做实训后跟踪指导，持续给予教师支持和引领，指导教师将培训所学真正用于实践。此外，教师培训评价应该坚持实践导向，着眼于培训所学在实践中的应用及效果，而不是培训结束后的即时主观满意度。

二、"精准培训"视角下的教师培训

从有关证据来看，"培训倦怠""实工虚做""被动培训""被发展""被教育""形式主义""费时低效"等成为当下部分教师培训的"标签"。② 从根本上看，这些现象主要源于教师培训与教师学习之间的错位。

(一)始于行政安排的被动学习启动范式

现行教师培训大多由教育行政部门发起，各级各类教师培训机构组织实施，通过行政通知的方式逐级下发通知组织教师来培训。③

首先，教师为了落实上级要求而被"培训"。"接受"与"服从"是教师培训的两大典型特征，外在地"给予"教师，与教师的教学实践及真实需求相割裂，呈现"行为参与、思维离场"的培训现场生态。④

其次，培训取向下的基本假设是教师"不优秀"或"不合格"。培训方案的目标设计的内在逻辑是教师是有不足的，需要通过培训来补差、补缺。教师在培训规划设计过程中知情权、参与权和话语权不足，通常由培训组

---

① Fullan，M. The New Meaning of Educational Change[M]. New York：Teacher College Press，1982：325. Guskey，T. R. Professional Development and Teacher Change[J]. Teachers and Teaching：Theory and practice，2002(8)，381-391.

② 周颖华. 教师培训中"实工虚做"现象解析[J]. 东北师大学报(哲学社会科学版)，2010(4)：178-181. 徐恩芹，徐连荣，崔光佐. 教师远程培训中的学习倦怠研究[J]. 中国电化教育，2015(9)：28-33. 项海刚. 从被动培训到主动学习[N]. 中国教师报，2018-07-04.

③ 王俊明. 教师培训机制改革引论[J]. 郑州师范教育，2017(5)：1-5.

④ 岳欣云，董宏建，冯海珍. 从教育理论与教育实践的关系审视教师培训[J]. 首都师范大学学报(社会科学版)，2017(6)：172-178.

织者和管理者以"自上而下"的方式选择培训主题。①

最后，个别教师参加培训的功利性追求高于其内在价值追求。屈从于外部规约和控制，出于功利目的，视培训为"任务"，追求培训之后获得的学分或证书，而不是由此带来的专业成长，其学习效果可想而知。②

（二）重于讲授为主的接受式学习方式

反观当下，教师培训多为灌输式，将教师视为接受知识的"容器"，且更多停留在"是什么"和"为什么"的基本范畴上，对于"怎么办"的实践操作策略则关注较少。③

首先，以讲授为主的学习效率低下。集中培训绝大多数是"纯讲授式"，以授课专家为中心，脱离教师的工作实际。培训者一讲到底，方法非常单一，没有教师作为学习者的分享交流、经验撬动以及智慧生成，培训效果难以保证。④

其次，学习现场导致身心分离。分心、被动、被干扰和其他竞争性活动导致教师处于身心分离的学习状态。个别教师秉持只要考勤和考核通过拿到学分和证书就等于完成培训的理念，较少顾及培训之于教育教学实践的真正促进作用。古斯基指出，教师认为培训对日常教育教学实践影响不

---

① Black，S. Money and the Art of Staff Development[J]. Journal of Staff Development，1998(2)，14-17.

② 程良宏，王媛. 论教育改革中教师的"被培训"[J]. 教育发展研究，2012(8)：65-70. 汪明帅. 从"被发展"到自主发展——教师专业发展的现实挑战与可能对策[J]. 教师教育研究，2011(4)：1-6.

③ 王会亭. 教师离身培训的桎梏及其突破[J]. 教育评论，2018(1)：111-115. 郑鑫. 从数据到证据：数据运用如何影响教师专业学习[J]. 全球教育展望，2021(3)：75-90. 翁伟斌. 教师培训走向何方——对教师培训的审视[J]. 上海师范大学学报(哲学社会科学版)，2020(3)：73-82.

④ 雷云，杨欢. 走出"自我中心"的困境——论民族区域教师培训的普遍无效现象及其消除[J]. 四川师范大学学报(社会科学版)，2016(4)：109-114. 李江，夏泽胜. "互联网＋"时代的教师培训：模式更新、价值证成与行动路径[J]. 教师教育研究，2020(4)：38-44.

大。① 更有甚者认为，培训是对他们时间的浪费，他们只是迫于考核要求和管理规定而参加培训。②

最后，讲授式学习传递知识有余而改进教师实践不足。③ 在这种以讲授为主、期待教师"获得"的学习中，专家通过讲座和书籍将知识灌输给教师，却难以保证教师在实践中的有效运用。④

(三)盛于知识传授的理论化学习内容

在当前教师培训中，学习者和教师之间、学习者和学习内容之间的交流基本是一种纯粹的观念传递和心智培养，培训与教学实践割裂。⑤

首先，培训内容中理论化的内容占比高。多个研究显示，当前培训存在过度"理论化"倾向，过于注重知识讲授和理念传递，教师对培训的反感集中在培训内容缺乏"针对性"或"实用性"、专家的理论灌输形式等方面，特别是有调查显示，六成以上的教师认为已有的培训偏理论，对教师教学实践的指导性比较差。⑥

其次，缺乏对教师工作场景与现实情境的关注。⑦ 培训后理论知识难以实践化以及实践经验难以本土化的双重矛盾并存。脱离实践的培训致使学

---

① Guskey, T. R. Evaluating Professional Development [M]. CA: Corwin Press, Inc., 2000: 23-30.

② 朱旭东，宋萑. 论教师培训的核心要素[J]. 教师教育研究，2013(3)：1-8.

③ 张二庆，王秀红. 我国教师培训中存在的主要问题及其分析——以"国培计划"为例[J]. 湖南师范大学教育科学学报，2012(4)：36-39.

④ 陈向明. 跨界课例研究中的教师学习[J]. 教育学报，2020(2)：47-58.

⑤ 叶浩生. 身体与学习：具身认知及其对传统教育观的挑战[J]. 教育研究，2015(4)：104-114.

⑥ 翁伟斌. 教师培训走向何方——对教师培训的审视[J]. 上海师范大学学报（哲学社会科学版），2020(3)：73-82. 杨玖，季春晓. 教师培训的教学特征分析与教学方式转型研究——基于30个培训课堂的教学行为分析[J]. 中小学教师培训，2019(5)：20-25. 叶浩生. 身体与学习：具身认知及其对传统教育观的挑战[J]. 教育研究，2015(4)：104-114. 潘海燕. 论教师的自我经验及其作用——基于中小学教师专业成长的科研转向[J]. 中国教育学刊，2017(5)：95-99. 穆洪华. 我国公办小学教师培训存在的问题及对策——基于中国基础教育质量监测数据的研究分析[J]. 教师发展研究，2018(1)：38-47.

⑦ 王姣姣，武胜男，基于成人转化学习理论的教师培训方式改进策略[J]. 高等继续教育学报，2020(6)：48-52.

习所得难以有效应用到教育教学实践中，即便是培训中学到的优秀教师教学策略也因与具体的学生、学校、场域不同而难以将实践经验具体化和本土化。①

(四)止于即时主观感受的认知取向评价

现行教师培训评价往往在培训项目结束时，以教师对培训的主观满意度为主要评价指标，而对培训之于实践的实际效果关注不够。②

首先，评价的基本逻辑是培训的施与主义。培训重在"训"，主要关注教师培训给教师输送了怎样的课程，而对培训之于教师自身成长和发展的实际影响关注不够深入③，似乎只要给予了培训或者教师参加了培训，培训效果就达成了。

其次，评价指标过于倚重主观满意度。教师对培训的短视化认知取向会影响其对培训的满意度。教师对培训的满意度评价更多地基于培训过程中享受到的生活服务，如居住条件、饮食以及休闲活动安排等④。因此，近年来也出现了培训机构过于迎合、讨好教师的现象。过分追求满意度评价，在很大程度上导致出现教师"喜欢"的或者让教师"开心"的培训才是"有质量的培训"的错误认知，而忽视了教师的素质和能力是否通过培训获得了提升的这一本质。

最后，终结性评价导致培训缺乏持续跟踪。传统教师培训的效果评价通常以教师撰写培训心得和填写满意度调查问卷为主要方式，这种终结性、形式化的评价方式缺乏对参训教师的后续跟踪考核，培训效果难以保证。⑤

---

①　杜尚荣，王笑地. 基于教师专业成长实践性的中小学教师培训模式改革与创新[J]. 教育探索，2018(1)：86-88.

②　Desimone, L. M. A Primer on Effective Professional Development [J]. Phi Delta Kappan，2011(6)：68-71.

③　赵兴龙. 互联网时代乡村教师深度培训模式[J]. 电化教育研究，2018(4)：86-92.

④　李欢欢，黄瑾. "高素质善保教"幼儿教师培训模型之构建[J]. 中国教育学刊，2019(2)：11-17.

⑤　李江，夏泽胜. "互联网＋"时代的教师培训：模式更新、价值证成与行动路径[J]. 教师教育研究，2020(4)：38-44.

培训尚未与教师的教育教学实践场域建立起稳定、持久、有效的互动机制，培训效果的真实体现被忽略。

三、中小学教师"精准培训"构建

当前，教师专业发展的范式已经从"培训项目"转变为"教师学习"，关注教师在专业发展中的主动性成为新的主流和趋势。[①] 教师作为学习者，其学习机制和过程与学生的学习具有一定的相似性，需要有强烈的内在学习动机，对学习内容充满兴趣，采用主动建构式的学习方式。[②]

(一)学习启动由行政安排到自我驱动

要实现教师参加培训的学习启动由行政安排到自我驱动，需要对教师培训的供给侧进行系统改革，建立起基于教师真实客观需要、符合教师专业发展规律的系统化、立体式、多维度的学习课程体系。

首先，教师学习资源从基于培训机构培训优势转变为基于教师真实客观需求。教师培训机构的生存逻辑和发展之道需要深度转型。从培训机构基于传统优势申请培训项目制转变为实行特定区域或特定教师群体的整体发展的责任制，改变过去不同培训机构将教师专业发展的多维度需要进行割裂化分解的分包式支持，从为培训项目负责转变为为教师专业发展负责，为教师的真实、有效学习提供多元、可用、有效的课程体系，将过去培训项目主导下的找教师来培训而完成培训项目的使命转变为为教师提供有针对性的学习资源，吸引教师主动选学、积极投入和有效应用。

其次，遵循教师学习动机的基本发展规律。作为成人学习者，教师的内在学习动机主要源于教育教学实践中的现实需求。就其学习方式而言，以实用的任务驱动或问题驱动的学习方式更能吸引教师。学习什么，必须以教师为主体，要体现教师的真实需求，而不是培训者假定的或推理出来

① 陈霞. "学习领导"视野下的校本研修建设路径[J]. 教师教育研究，2017(5)：38-44.

② 舒尔曼. 实践智慧：论教学、学习与学会教学[M]. 王艳玲，王凯，毛齐明，等译. 上海：华东师范大学出版社，2014：370.

的内容。① 因此，培训机构或培训者应具有极强的专业性，深谙教师学习的真实需求、基本规律和关键特征，从而供给适合的学习资源和学习方式。

最后，探索实行教师学习微认证。微认证是一种满足教师专业发展的新型认证模式，具有个性化、能力导向、工作嵌入性、高效与便于共享的特征。② 开放徽章是微认证的典型流通凭证，是适合开放学习的后现代证书，充分借助信息技术、人工智能、大数据平台对教师根据自己需要开展的学习活动予以学分认证和定期注册认可。③ 微认证彻底改变了过去培训机构主导的学分认证模式，教师随需而学，随学而得以认证。

(二)学习方式由被动接受到主动建构

为教师提供"交谈、思考、尝试和磨炼新实践"机会的专业发展计划有助于增加知识和技能，并改变教学实践。④ 学习者只有主动、积极地投入学习中，学习才会发生。⑤

首先，学习场域要回归教师教育教学实践的真实场域而不是替代场域。所有的学习都要在教师自己的学校或至少与自己学校背景、基础、条件或状况基本相当的学校中进行。唯有如此，教师才能将所学内容与所在场景进行有效联结，将理论与学校实际进行对接，将所学实践经验进行有效迁移和应用，从而架构起适合自己的具体路径和策略，而不是简单的拿来主义或照搬模仿。

其次，学习以问题和任务双驱动。通过寻求将其"课程"建立在问题和

---

① 陈霞. 以教师学习为中心的教师培训课程重构路向[J]. 教育发展研究，2017(18)：58-64.

② 许芳杰. 微认证在美国教师学习中的应用与推进策略[J]. 外国教育研究，2020(10)：80-90.

③ 汪维富，闫寒冰. 面向开放学习成果的微认证：概念理解与运作体系[J]. 电化教育研究，2020(1)：60-68.

④ Desimone，L. M.，Porter，A. C. & Garet，M. S.，et al. Effects of Professional Development on Teachers' Instruction：Results from a Three-year Longitudinal Study[J]. Educational Evaluation and Policy Analysis，2002 (2)：81-112.

⑤ 裴淼，李肖艳. 成人学习理论视角下的"教师学习"解读：回归教师的成人身份[J]. 教师教育研究，2014(6)：16-21.

任务上的方法来促进专业发展。① 培训以参与式、合作式、体验式等方式为主，强调以培养技能和行为转化为目的，以任务驱动为导向，以学习活动为基础，鼓励教师通过合作对话开展反思性学习，使教师认识到理解和应用比记忆更重要。例如，有培训机构以班主任常见且难以解决的 10 个问题，如"如何家访""如何选班干部""如何应对家长为孩子调换座位的要求"等为"课程"，每个问题作为一个独立单元，每个单元内容的展开均采用以问题解决为中心的思路，通过创设问题情境、学习相关理论、开展案例分析和实践应用四个环节，始终以教师遇到的真实问题为中心和主线，从而牢牢抓住教师、吸引教师，进而产生实际的效果。②

最后，培训内容从既定封闭式内容转变为开放生成性内容。例如，从优秀案例呈现到问题解决生成，教师要带着自己的问题、知识、经验、理解进入培训，而不是以完全的新手来接受他人的指导、安排或灌输。因此，需要教师抛出自己的问题，培训者或培训同伴通过共同研讨、互动对话、经验交流等对话式、生成性的过程来解决教师的具体问题，进而引起教师知识、经验和理解的整体重构，由此引导出新的教育教学行为。

(三)学习内容由理论逻辑转向实践逻辑

研究显示，教师学习的内容比学习的形式更为重要。③ 教师培训的主要问题在于将教师专业成长推上了理论逻辑之路，即"相信人的主观意识的至上性和无限能动性，以人对具体事物的抽象认识、理性假设和一般理论为指令对客观世界进行干预、控制和构造的实践思维"④。

---

① Ball，D. L. & Cohen，D. K. Developing Practice，Developing Practitioners：Toward a Practice-Based Theory of Professional Education. In Darling-Hammond，L. & Sykes，G. Teaching as the Learning Profession：Handbook of Policy and Practice[M]. NJ：John Wiley & Sons Inc.，1999：3-32.

② 许芳杰. 微认证在美国教师学习中的应用与推进策略[J]. 外国教育研究，2020(10)：80-90.

③ Powers，S.，Kaniuka. T. & Phillips，B.，et al. The Impact of Teacher-Lead Professional Development Programs on the Self-efficacy of Veteran Teachers[J]. Journal of Research Initiatives，2016 (1)：1-21.

④ 龙宝新. 论教师专业成长的实践逻辑[J]. 教育科学，2012(4)：41-46.

首先，学习内容的确定与设计要保障教师作为实践主体的话语权。研究显示，教师学习或专业发展不是传授的，它应该在教师的工作中生成。因此，教师学习内容需从过去外部"给予式"转变为内部"需求式"，培训机构需从过去聚焦于某一主题的理论式演绎逻辑转变为聚焦于某一特定教师群体的实践性归纳逻辑，切实发挥好需求调研的摸底、诊断和预测功能，以确定和开发既能满足教师当下需要，又能引领教师持续发展的学习内容，实现教师学习以拓展自我原有的知识框架和认知体系为前提，学习过程要撬动、修补和优化教师已有知识和经验。

其次，学习内容的展开要遵循教师教育教学工作的实践逻辑。在设计课程内容的展开顺序时，要处理好课程所选择的学科知识的逻辑体系与教师学习者的学习心理之间的关系。[①] 从理论逻辑来看，教师专业发展包括专业理念、专业师德、专业知识和专业能力等要素或维度。从实践逻辑来看，教师每天的日常工作包括班级管理、课程教学、师生沟通、家校合作、教育科研等既有一定界限又彼此高度相连的系列工作。教师培训课程指导标准是以突出的实践逻辑为基础的，下设师德修养、学科教学、班级管理、专业发展四个领域，而不同于以理论逻辑为基础的教师专业标准（其下设专业理念、专业知识和专业能力三个维度）。[②]

最后，内容的讲解要以实践的方法来解决实践的问题。教师学习既需要更新理念，丰富理论知识，又需要以此来指导具体的教育教学工作。在帮助教师将内化的知识变成有效指导个人实践的知识方面，培训者需要引导教师进行实践性思考，即如何将所学知识运用到教育教学实践中的对话与思考。[③] 教师工作是将理论或理念转化为具体的课堂教学行为或班级育人行为，因此某些新理念或理论需要在培训过程中以实操的方式来呈现，即

---

① 陈霞. "学习领导"视野下的校本研修建设路径[J]. 教师教育研究，2017(5)：38-44.

② 钟祖荣. 中小学教师培训课程指导标准研制思想方法[J]. 教育研究，2021(1)：138-146.

③ 斯滕伯格，威廉姆斯. 教育心理学[M]. 张厚粲，译. 北京：中国轻工业出版社，2003：3.

展示其在实践中的样态。例如，关于新课标提出的自主、合作、探究式学习，以及当下流行的项目式学习、深度学习，要从一般的概念解释、特征介绍或范畴举例到以一个具体的案例来支撑，真实呈现其在实践中的样态以及可能会出现的问题等。总之，期待学生以怎样的方式学习，教师必须首先以怎样的方式学习。

(四)学习评价由即时主观感受转向持续实践改进

哈瑞(Rom Harré)的学习环路模型指出，学习由四个过程构成。一是内化，即在已有认知和经验基础上接受和理解新知识。二是转化，即在对学习内容理解的基础上，与实践或情境进行对接，并在实践中得以体现或践行。三是外化，即新的理解通过实践行动外化出来，并形成体系化、个人化的特定经验模式。四是习俗化，即将个人生成的经验进行推广和迁移，受到群体的认可和执行，实现群体中的习俗化。① 教师学习内容的逻辑决定了对学习效果的评价不能仅仅停留在对静态知识或理念的理解、认知和掌握上，更关键的是要体现在这些知识或理念对教育教学实践的影响和改进上，并最终体现在学生的发展上。

首先，评价定位从对学习活动的评价转向对学习效果的评价。从关注教师是否出席学习的行政性评价转向关注学习给教师教育教学工作带来的促进作用。过去更多地以考勤、提交作业、撰写总结等方式来对学习活动本身进行评价，当下教师是否将所学理念用于指导自己的教育教学实践，是否将新的方法、技术或策略应用到自己的教育教学中，且产生可见的积极效果和作用成为评价的重点。因此，评价的视域从学习视域转向了实践视域。

其次，评价方法从终结性评价转向发展性评价。学习环路模型表明教师学习需经历内化、转化、外化和习俗化多个环节，因此对教师培训的评价要从培训结束的节点延伸到教师返回工作岗位之后，且不同阶段的评价侧重点有所不同。要做好发展性评价，则需要充分发挥县级教师发展机构

---

① 毛齐明，蔡宏武. 教师学习机制的社会建构主义诠释[J]. 华东师范大学学报(教育科学版)，2012(2)：19-25.

在其中的跟踪指导和服务功能。县级教师发展机构应实行周期式、随机式和跟随式评价，发挥评价、监督和促进等多重功能，使教师培训取得成效。

最后，评价指标采用多元循证实践改进。切实杜绝主观评判式评价指标取向，实行循证取向的评价指标取向。循证取向的评价需要寻求多方证据来验证教师培训所产生的效果。[①] 一是对教师的客观教学实践和教学行为进行数据抓取式评价，用数据检验教师学习对教育教学实践的改进和影响。二是从学生处收集相关证据，如学生主观评价和学业表现双重证据。三是对教师所在组织中的其他成员如校长、中层领导或教师同伴进行访谈等，收集关于教师学习效果的他人证据。

第三节 学习共同体理念下县级教师发展机构实践模式

新时代中小学教师专业发展已经超越了知识和技术层面。通过长期行动研究发现，教师学习共同体作为一种组织模式和发展理念，给予教师富有目标性、主体性、平等性、共享性和反思性的专业交流、分享和学习，使得在专业发展中教师的定位从问题不足转变为积累资源、地位从过去被动客体转变为主动主体、发展动力从外在驱动转变为内在驱动、发展模式从单向灌输转变为多向互动。教师收获的不仅仅是专业知识和专业技能，更重要的是从中获得对自我专业发展状况的体认和察觉、对发展目标的把握、对发展路径的明确、对发展挑战的应对等，即教师从中体验到专业自觉及其对自身发展的引领和驱动作用。

随着我国教育改革发展的深入推进，教师专业发展经历了几个关键阶段，从以学历补充为主发展到以知识和能力提升为主。教育改革发展进入新时代，特别是面向"十四五"时期建设高质量教育体系的总体目标，肩负

---

① 裴淼，靳伟，李肖艳等. 循证教师教育实践：内涵、价值和运行机制[J]. 教师教育研究，2020(4)：1-8.

新时代教育发展使命的教师，其专业发展的模式也必须进行转型。我国中小学教师专业发展主要通过各级各类培训得以实现。面对大规模的自上而下、行政驱动的培训，部分教师常常将其作为一种迫于外在压力或是出于功利目的而参与的应急性任务。教师专业发展在一定程度上成为谋利的工具，而不是发自教师内心的专业发展信念。① 当前教师专业发展的总体态势是贯彻执行统一政策的要求，局限于帮助教师"补差"、"补缺"与"补课"的认识与思维，缺少对教师个性养成、特长培养、专长形成的关注。② 教师培训的本质是有效支持和促进教师学习，其本体功能是促进教师专业发展。教师培训不是填鸭式的知识灌输，也不是专家独白式的讲座拼盘，而是一种专业化的学习共同体活动。③ 教师培训的关键是唤醒教师的专业自觉。然而，"教师专业成长"正在陷入一种"技术至上"的误区：过于强调"工具性"和"技术意味"，有意无意地弱化和淡化观念、理念的变革，使得所谓专业成长仅仅局限于知识与技能。培训机构应将教师培训的自主权下放到教师自身，让教师逐渐成为教育培训的主体，让教师的终身学习和能力技能培养实现常态化、系统化，让教师培训真正成为广大中小学教师专业成长的引擎。④ 教师专业发展不仅要关注教师学到了什么，还要关注教师学习的积极性与主动性是否得到了调动、在多大程度上得到了调动以及教师是否意识到自我学习提升的必要性等内容。要将教师的学习上升到文化自觉的高度，让教师的主动学习成为一种自觉的活动。⑤

因此，真实的教师专业发展不是给予教师具体的知识和技能，而是要

① 汪明帅. 从"被发展"到自主发展——教师专业发展的现实挑战与可能对策[J]. 教师教育研究，2011(4)：1-6.

② 朱益明. 改革中小学教师培训的原则与策略[J]. 教师教育研究，2017(2)：55-60.

③ 余新. 教师培训的本质、功能和专业化走向[J]. 教育科学研究，2010(12)：41-44.

④ 何文卿. 全国政协委员陈群建议：教师培训要多吃"自助餐"[N]. 人民政协报，2017-03-21.

⑤ 朱忠明，常宝宁. 学习者中心：中小学教师培训的转型发展[J]. 中国教育学刊，2018(4)：76-80.

唤醒教师的专业自觉，即教师能够觉察自己的专业发展状况，能够明确科学合理的专业发展目标，能够把握自身专业发展的优势，能够根据自己的基础和需要通过多种方式实现专业发展。正如一线教师在参加培训时都热衷于看、听名师上课，殊不知仅仅停留在这样的看和听上永远也难以成长为名师。只有深入思考和研究名师为什么是这样上课的、为什么是这样思考的、怎样持续发展等一系列问题，才有可能成长为名师。特别是在信息化、网络化的时代，各种新理念、新知识、新技术和新方法铺天盖地，这时的教师专业发展不再需要过去整齐划一、集中统一的学习，而更多是基于教师的工作场域、基于教师的现实问题、基于教师的专业需求和基于教师的专业目标而开展的定制化、个性化、实践化的学习。在传统中，教师等待培训者通过速成培训课程用外部强加的方法和技巧"滋养"他们，而现在，教师需要进行协作并互相学习。由于"主人"角色已发生变化，因此教师可以相互学习。过去倡导理论指导实践并改进实践，而在新的范式下，是实践改进实践，因此教师无须等待外部施加的学习任务。学习共同体式的专业发展恰恰能够满足新时代教师学习的这一特征和需求。在一起教书的教师将营造一个有益的学习氛围，这将改变他们的实践。

有研究提出教师专业化的实质是教师专业自觉，研究教师专业自觉是研究教师专业化策略的前提。[1] 有学者通过对影响较大的研究的元研究指出，教师专业发展的根本或关键是让教师认清自身所处的专业环境，明确自身的专业角色和职责，从传统的专业权威走向基于共同发展的伙伴协作关系，实现从生存到"赋权增能"的过程。[2] 教师专业发展的根本在于撬动和激发教师的专业自觉，使教师保持一种开放的心态、学习的状态和努力的姿

---

① 舒志定. 论教师的专业自觉[J]. 教师教育研究，2007(6)：10-13，23.
② 宣小红，史保杰. 教育学研究的热点与未来展望——对 2018 年度人大复印报刊资料《教育学》转载论文的分析[J]. 教育研究，2019(3)：42-58.

态。① 我们在部分中小学教师学习共同体建设的实践研究中发现，教师学习共同体之于教师专业发展的价值不仅包括教师在与其他教师的对话和分享中，学到具体知识、技能和方法，而且包括通过这一充分对话和分享过程而撬动和激发其专业自觉。

一、何为教师专业自觉

从字面来看，"自觉"有两种释义：其一是自己感觉到，其二是自己有所认识而觉悟。教师专业自觉具有多个方面的内涵，对教师专业发展具有多维影响。

(一)教师专业自觉的内涵

教师专业自觉是一种教育文化自觉，是教师在教育教学活动中对教育规律自觉遵循的意识和实践能力。② 教师专业自觉是指教师深刻认同教师职业责任和使命，清晰认识到专业工作的目标、领域、策略和效果评估，积极投身教育教学工作，并不断地调试与改进，科学而理性地看待及应对工作中遇到的问题，通过反思持续地提升自身专业水准。③ 教师专业自觉的内涵如下。

1. 教师专业自觉是一种生命自觉，是人之为人在价值上的一种根本的追求

在外部条件和内在发展的框架体系中，具有生命自觉的教师是一种主动发展的样态。"是否主动"是衡量生命"自觉"程度的重要标志。生命自觉强调人的生命发展是内在动力主导和自主推进的结果，而不是外力"迫使"的结果，即不存在"被发展"的状况。主动发展也是"人之为人"的基本特征，

---

① 随着我国教师培训经费的大幅增加，教师培训项目的增加，参加培训从过去的"福利"转变成"负担"，培训从数量规模走向质量内涵。

② 蔡连玉. 教师专业自觉：一种素质教育资源[J]. 中国教育学刊，2011(4)：70-72.

③ Guskey，T. R. Professional Development and Teacher Change[J]. Teachers and Teaching：Theory and Practice，2002(3-4)：381-391.

主体性和自觉性是人的类特性。自觉之"觉",兼有"觉知"、"觉悟"和"觉解"之意。① 生命自觉指向对自我生命、他人生命的觉知,对个体生命所处外在环境的觉悟,以及对所处环境与自身生命之关系的觉解,即实现最和谐的互动和发展的主观努力和客观行动。

2. 教师专业自觉是一种职业境界,也是教师个体专业成熟的标准

拥有专业自觉的教师达到了一定的职业境界。一是能够深刻认识教育工作和教师职业的专业属性和职责使命;二是能够明确教师专业发展的一般规律和具体状况,清楚把握自身发展的现实与理想;三是具有坚定的教师职业信念和专业理想,能够主动应对职业生涯中的困难和挑战,不断进入新的专业发展状态;四是能够主动维护教师专业的声誉,具有较强的职业荣誉感和自豪感。②

3. 教师专业自觉是教师拥有的稳定、持久的专业行为

专业自觉既体现为内隐的专业品质,又体现为外显的行为状态。首先体现为主动探索并有效践行教育教学的一般规律、学生发展规律和自身专业发展规律;其次体现为主动学习并提升自己的专业素养,不断对自我专业发展提出新目标、新要求,并为此付诸实际行动;再次体现为抓住教书育人的核心,培养学生学会学习、终身发展的意识与能力;最后体现为主动抵制教育实践中损害学生身心健康、违背学生成长规律的事情等。③

4. 教师专业自觉是一个渐进的发展过程

教师专业自觉不是与生俱来的,也不是一蹴而就、一成不变的,从其发展阶段来看,可以分为专业认同、专业反思与专业自觉三个阶段。④ 从指向来看,教师专业自觉经历从指向自我的自觉、指向他人的自觉到指向所处环境的自觉。教师首先能够看到自己,并逐步发展到能够看到他人,进而在充分分析专业环境的基础上不断明晰自我发展的现状及目标,并做出

---

① 叶澜. 基因[M]. 桂林:广西师范大学出版社,2009:159-160.

② 汪青松. 科学人文教育融合与复合型教师能力培养国际研讨会文集[M]. 合肥:合肥工业大学出版社,2007:124.

③ 李飞. 论"外部引领"与教师"专业自觉"的平衡[J]. 教育探索,2012(12):104-105.

④ 王俊明. 教师培训机制改革引论[J]. 郑州师范教育,2017(5):1-5.

相应的主体行为。从时间维度来看，教师专业自觉包括对自己过去专业发展过程的意识，对自己现在专业发展状态、水平的意识以及对自己未来专业发展的规划意识。专业自觉能使教师将过去的发展过程、目前的发展状态和以后可能达到的发展水平结合起来。

（二）教师专业自觉的价值

专业自觉是教师专业发展的应有之义，对教师专业发展具有重要的助推作用。

1. 专业自觉是教师对自身专业发展状况的清晰体认

专业自觉是个体基于所处的教育环境，对照专业发展的要求而形成的关于自己当下发展状况的体系化和理性化的认识。在这一认识基础上，教师制定和践行自我发展职业规划，积极主动回应经济社会发展和教育改革，深入推进对自身提出的要求和挑战，同时关涉相关的角色期望和规范的精神追求。

2. 专业自觉是教师专业发展的终极目标

教师专业发展的目标不仅在于更新教师专业理念，了解、学习和认同先进的教育理念，认识自身职业的责任和使命；不仅在于拓展和丰富专业知识，健全和完善自身的知识结构和体系；不仅在于提升和改进专业技能，学习更加先进的教育教学技能，还在于通过对这些理念、知识和技能的充分理解和掌握，实现对职业责任和使命、对自身专业价值和意义的充分体认，最终获得教师专业发展的内核和"硬核"。

3. 专业自觉是教师发展的内源动力

专业自觉促使教师主动参与和规划自己的发展，实现自我在专业发展中的"生命出席"，改变过去普遍的"厌学""厌培"状态，引领教师走上"我要发展"的主动发展之路。教师专业自觉有利于改变长期存在并阻碍教师发展的"被管理"、"被规划"、"被研究"、"被读书"、"被写作"和"被展示"等种种"被发展"的现象。专业自觉使教师对自身的发展有正确的目标和科学的定位，并能够为实现这一目标而储备源源不断的能量，同时能够理性看待前进过程中遇到的困难，并通过不断反思和超越，形成自身强大、富足的精神世界。

4. 专业自觉是职业生涯的高峰体验

有研究提出教师专业发展的三种境界：以教育为职业的匠师境界、以教育为专业的能师境界、以教育为事业的人师境界。① 人师境界即自觉的发展境界，体现为教师对自己职业的高度负责、理想追求和满意体验。具有专业自觉的教师对自身的职业生涯有着明确的目标，并愿意为之努力付出。专业自觉能够引领教师主动寻求专业支撑和专业引领，不断克服发展过程中的困难，不断突破专业发展的瓶颈，实现新的发展。教师不断体验到克服困难和迈上发展新台阶的成就感。专业自觉使得教师不断认识和领会教师职业的责任感和使命感，体现自身的价值。

二、何为教师学习共同体

20 世纪 80 年代，英美等国开始了对教师学习共同体的研究。教师学习共同体作为一种组织形式，成为西方国家学校变革和教师专业发展的必然选择。特别是作为教师专业发展的组织形式，教师学习共同体是由理智取向和实践—反思取向走向生态取向的必然产物，它更加强调环境、文化、合作等因素对教师专业发展的影响，以及教师在学习共同体中的专业自主和专业自由。以霍德等人为代表的西方学者对教师学习共同体的要素、特征、建构和意义进行了深入的研究，并取得了丰富的成果。② 过去的研究更多集中在教师学习共同体本身，如教师学习共同体的概念、内涵和特征，以及其对教师专业发展的促进作用，更多关注教师学习共同体对教师专业发展的显性作用和有形作用，如成员教学能力和管理能力的提升、学生学业水平的改善、学校发生的变化，等等。而对教师学习共同体的隐性作用和无形作用关注不够。课题组在两年多教师学习共同体的建设实践中，进

---

① 王俊明. 教师培训机制改革引论[J]. 郑州师范教育，2017(5)：1-5.

② Hord, S. Professional Learning Communities: Communities of Continuous Inquiry and Improvement. Austin, TX: Southwest Educational Development Laboratory, 1997. DuFour, R. What Is a "Professional Learning Community"? Educational Leadership, 2004(8)：6-11.

一步加深了对教师学习共同体的理解和把握，遵循从理论到实践，再从实践到理论的归纳思维模式，从操作化或者本土化的视角提炼出教师学习共同体的五个特征。

(一)教师学习共同体具有明确的目标性

目标性主要着眼于教师学习共同体这一组织的集体目标或共同愿景。教师学习共同体的目标需要观照以下几个基本问题。一是目标的产生逻辑。一种逻辑是目标导向，着眼于新的政策要求、新的发展理念或新的知识学习，如有的学校围绕高中新课标的落实而建立核心素养下的英语单元整体教学设计与实施学习共同体，该学习共同体的目标则是充分理解和把握高中新课标倡导的学科核心素养下的单元整体教学的核心内涵、基本要素和主要环节等；另一种逻辑是问题导向，着眼于当前教师发展或教育教学改革中存在的某个突出问题，如有的学校针对教师科研意识弱、科研兴趣低、科研行动少的现状，成立教师科研能力提升学习共同体，通过行动来改变这一现状。二是目标的产生路径是自下而上的提炼，目标的选择或产生应该源于教师学习共同体内部所有成员的共识或共同需求。三是目标确定的标准应该是从小目标、近期目标着手，再逐渐拓展。

(二)教师学习共同体突出教师的主体性

主体性主要体现在学习共同体中教师的地位上。教师学习共同体中的每位教师都是主体，其典型表征是在共同体中每个人都被看见、被需要和被尊重。一是每个人都被看见。教师学习共同体的活动以及运行要基于和满足共同体中每位教师的需要，鉴于不同需要的层次性和异质性，教师学习共同体可以在满足不同层次和不同性质需求的过程中来助力每个人的成长和发展。二是每个人都被需要。教师学习共同体中的学习、交流和共享要发挥所有人的能量。这些能量包括每位教师的理念、知识、技能、经历、经验和体验等，教师参加共同体的活动，在贡献智慧和经验的同时实现自我提升。因背景、经历和风格等不同，教师学习共同体内教师的认识和看法不可能完全相同，而共同体对这些不同的声音和看法是鼓励和肯定的，并从有利于共同体集体发展的视角给予引导。三是每个人都被尊重。不管教师个体提出怎样的看法、想法或观点，共同体中的其他教师都要从积极的、建设性的角度给予相应的反馈，既提出完善和改进的意见建议，又从中吸收有利于自己的内容。

(三)教师学习共同体关注教师的平等性

平等性主要着眼于学习共同体中教师之间的关系，即组织成员之间的关系。教师学习共同体与传统的教研组、备课组相比，最大的区别在于平等性。教研组或备课组可能主要由组长主导活动的开展，但共同体中所有参与的人都是平等的。首先，平等意味着教师学习共同体内没有主导权威。作为经过系统化培养和培训的专业人员，教师不是白板，而是拥有丰富个人知识和经验的个体，教育又是面向千差万别的孩子，因此，教师学习共同体中开展的专业学习和交流没有绝对权威。其次，平等意味着教师拥有共同的责任和义务。在开展某个新理念或新任务的研究时，学习共同体中的教师不是等着某位专家来给大家讲或者教大家如何做，而是所有教师都去查找资料、学习理解、形成认识，然后大家"有备而来"，集中学习和交流，分享自己的认识和理解，学习借鉴他人的知识和见解，进而不断丰富、完善和调整自己的认识，最终进一步形成学习共同体集体的共识，大家再依据这一共识在自己的学科领域内进行实践探索，随后开展集中学习活动，交流分享经验，提出需要解决的问题，不断推进这一实践主题。

(四)教师学习共同体促进教师共享性发展

共享性指向教师学习共同体的组织模式。共享性建立在上文论及的主体性和平等性两个基本特征之上。共享性体现在学习共同体中的每位教师是知识、经验和思想的输出者、输入者和建构者。首先，每位教师都积极地分享、贡献自己的知识和理解、经验和体会，使自己的专业理解和专业能力外化，这一分享的过程也是教师对自身专业理解和专业发展情况的重新审视和自我促进。其次，每位教师真诚、虚心地学习同伴分享的知识经验、思想智慧和技能策略，将同伴的专业理解和专业素养内化，从而更加明晰自己的专业发展目标以及实现目标的可行路径，同时还对他人的分享给予积极的、有价值的评价和反馈。最后，每位教师在精彩对话、真诚交流的基础上，形成集体共识，重构自己的专业自知。在学习共同体共享的过程中，教师既共享显性知识，又共享隐性知识；既共享客观性的知识，又共享主体性的认识；既共享可操作化的技能，又共享理念化的思想。

（五）教师学习共同体注重教师的反思

反思是教师学习共同体持续发展的关键环节。反思促使教师学习共同体之于教师专业发展从一次性、终结性走向持续性、长久性。首先，从反思主体来看，不仅有个人反思，而且有集体反思。个体通过反思实现内在成长，集体反思则指向集体的新目标和新行动。个体反思与集体反思相辅相成，相互促进。其次，从时间维度来看，反思指向过去，更着眼于未来。反思不仅指向过去，而且指向未来，学习共同体之于教师专业发展的过程和结果而言，它是持续的、长久的而不是一次性的、终结性的，反思是教师学习共同体系列活动的黏合剂。

三、教师学习共同体何以撬动教师专业自觉

教师在学习共同体中不断更新理念，获取新知识，提升新技能。在构建和推动教师学习共同体的实践过程中，我们发现其给予教师的最大价值不是这些具体的、可见的、可操作的知识和技能，而是在平等对话的氛围中引导教师实现对自我的专业性认知、觉察和醒悟。与传统教师专业发展活动相比，教师学习共同体通过以下四个转型不断唤醒和撬动教师的专业自觉，从根本上驱动教师走上自觉、持续发展之路。

（一）教师定位从存在问题、不足转向积极资源

传统的、外部补救式教师专业发展模式的逻辑起点是教师有不足，存在不适应、不合格等问题，因此教师需要培训。传统教师专业发展模式很大程度上是在为教师"补差"、"补缺"与"补课"，缺少对教师个性养成、特长培养、专长形成的关注。教师不得不屈从于外部的规约和控制，或出于

功利目的，被迫接受和参与培训，进而丧失了专业发展的自主性和积极性。①

在学习共同体式的教师专业发展模式中，每位教师都被视为有价值的"资源"，每位教师都是自我成长和他人成长的重要专业力量。如上文所述，在教师学习共同体中每位教师都被看见、被需要和被尊重。教师学习共同体式专业发展的先验概念是每位教师均拥有个性化的专业特长和专业优势，专业发展就是使教师个体的专业特长和优势通过外化的形式而变得更加内化和固化，同时强调通过教师之间的互相学习与借鉴来修正和丰富每位教师的专业体系。通过多样化、开放式的交流方式，每位教师的专业知识与理念、专业技能与方法、专业优势与智慧均得到分享和支持，每位教师的专业积淀均得到分享，而参与教师将会得到成倍的专业收获，即不仅使自己的专业理解和认识得到外化，而且在他人分享的基础上进一步修正和丰富自己的专业理解和认识，同时将他人的分享内化到自己的专业体系中。

(二)教师发展动力从外在驱动转向内在驱动

传统的教师培训模式是逐层分解名额，学校根据实际情况安排相应的教师参加，教师在参训前对此次培训学习几乎一无所知。培训在很大程度上成为教师被迫接受的"任务"抑或是行政性管理他们的"工具"，而不是他们从内心希望得到的"关爱"或"福利"。② 此外，当前教师培训内容和方式往往与教师的真实需求之间存在一定差距，培训过程中也难以真正引起教师的共鸣。由此，在一定程度上，教师专业发展成为谋利的工具，而不是发自教师内心的专业发展信念。

在学习共同体式的教师专业发展模式中，教师参加培训的动力主要源自真实需求。教师学习共同体的形成机制是教师自下而上地推动，有问题、有需求、有目标则相应构建一定范围、一定群体的学习共同体。首先，教

---

① 程良宏，王媛. 论教育改革中教师的"被培训"[J]. 教育发展研究，2012(8)：65-70.

② 朱益明. 改革中小学教师培训的原则与策略[J]. 教师教育研究，2017(2)：55-60.

师学习共同体的专业发展目标来自共同体中教师的学习需求的最大公约数，每位教师都能从中找到自己的兴趣点、需求点和增长点。其次，教师学习共同体中的专业学习活动的主题和形式都是基于教师的共同选择和专业偏好。最后，教师学习共同体的运行机制也由共同体中的所有教师来决定和推动。

(三)教师发展地位从被动客体转向主动主体

教师专业发展的理念已经发生了转型，从教师继续教育到教师培训，再到教师学习、教师专业发展，体现出教师主体性的不断增强，教师逐渐从台下走向台上，从客体走向主体。在学习共同体式的教师专业发展模式中，发展发生的关系维度从主—客间关系走向主体间关系。在学习共同体正式启动之前，教师深入了解专业学习和发展的主题、内容及方式，能够在觉知自身专业发展状态的基础上做出自主性判断和选择，即是趋向还是回避某一学习共同体。在学习共同体运行过程中特别是每次活动中，教师是积极的参与者、贡献者和建构者，一改传统被动的接受者状态，身心俱在地参与每一次学习活动。在学习共同体活动之后，教师将自己所学与实践建立起真正的联结，在自我的发展中进一步反思和反观学习共同体之于自我专业提升的支撑和促进作用，在教育教学实践中进一步检验和验证学习共同体赋予自我的专业资源，同时进一步明确下一次学习共同体活动的学习内容和学习目标，使自己进入一种持续、持久的专业发展态势中。

(四)教师发展方式从单向灌输转向多向互动

在传统的教师培训中，教师更多作为被培训、被发展的对象而存在，他们是来听他人讲的，自己是接收器。传统的教师培训更多的是填鸭式的单向知识灌输，是专家独白式的讲座拼盘，而不是一种专业化的学习共同体活动。① 传统的教师专业发展中的交往和互动更多地体现为人与以知识为载体的自然之间的征服与顺从的关系，是单向的。

————————

① 郑鑫. 从数据到证据：数据运用如何影响教师专业学习[J]. 全球教育展望，2021(3)：75-90.

在学习共同体式的教师专业发展中，人与人之间的关系是主体与主体之间的交互式互动关系，是以语言符号为媒介而发生的互动交往行为。在学习共同体中，每位教师都是有声的存在，既要说"自己"的话，为"自己"说话；又要说"他人"的话，为"他人"说话；还要架起"自己的话"与"他人的话"之间的桥梁。教师学习共同体主要通过教师之间的交流和对话来实现对教师专业发展的促进作用。通过交流和对话，教师之间分享智慧，聆听彼此，相互协作。教师在不断完善自己的同时，步入自己研究的心灵之地，发现教育创造的乐趣。

主要参考文献

舒志定. 论教师的专业自觉[J]. 教师教育研究，2007(6)：10-13.

宣小红，史保杰. 教育学研究的热点与未来展望——对 2018 年度人大复印报刊资料《教育学》转载论文的分析[J]. 教育研究，2019(3)：42-58.

蔡连玉. 教师专业自觉：一种素质教育资源[J]. 中国教育学刊，2011(4)：70-72.

叶澜. 基因［M］. 桂林：广西师范大学出版社，2009：159-160.

汪青松. 科学人文教育融合与复合型教师能力培养国际研讨会文集[M]. 合肥：合肥工业大学出版社，2007：124.

李飞. 论"外部引领"与教师"专业自觉"的平衡[J]. 教育探索，2012(12)：104-105.

岳欣云. 教师发展的最高境界：教师生命自觉[J]. 华东师范大学学报（教育科学版），2018(2)：117-122.

程良宏，王媛. 论教育改革中教师的"被培训"[J]. 教育发展研究，2012(8)：65-70.

朱益明. 改革中小学教师培训的原则与策略[J]. 教师教育研究，2017(2)：55-60.

王晨霞. 从三个维度培育教师核心素养[N]. 中国教师报，2019-04-17.

余新. 教师培训的本质、功能和专业化走向[J]. 教育科学研究，2010(12)：41-44.

袁利平，陈时见．人学视野下的教师专业发展[J]．高等教育研究，2007(12)：66-71．

刘波．教师培训的问题思考和观念变革[J]．教育时空，2010(16)：157-158．

汪明帅．从"被发展"到自主发展——教师专业发展的现实挑战与可能对策[J]．教师教育研究，2011(4)：1-6．

潘健．高质量教师培训项目：逻辑起点、内涵特征及其实现策略[J]．教育发展研究，2014(18)：45-49

王俊明．教师培训机制改革引论[J]．郑州师范教育，2017(5)：1-5．

何劲松．推进教师培训供给侧结构性改革的行动路径[J]．北京教育(普教版)，2016(7)：7-9．

汤丰林．教师培训变革：方向、目标与策略[J]．中国教师，2017(11)：34-37．

陈霞．"学习领导"视野下的校本研修建设路径[J]．教师教育研究，2017(5)：38-44．

朱忠明，常宝宁．学习者中心：中小学教师培训的转型发展[J]．中国教育学刊，2018(4)：77-80．

刘洋．AI赋能教师培训：教育意蕴及实践向度[J]．电化教育研究，2021(1)：64-71．

周颖华．教师培训中"实工虚做"现象解析[J]．东北师大学报(哲学社会科学版)，2010(4)：178-181．

徐恩芹，徐连荣，崔光佐．教师远程培训中的学习倦怠研究[J]．中国电化教育，2015(9)：28-33．

项海刚．从被动培训到主动学习[N]．中国教师报，2018-07-04．

岳欣云，董宏建，冯海珍．从教育理论与教育实践的关系审视教师培训[J]．首都师范大学学报(社会科学版)，2017(6)：172-178．

王会亭．教师离身培训的桎梏及其突破[J]．教育评论，2018(1)：111-115．

郑鑫. 从数据到证据：数据运用如何影响教师专业学习[J]. 全球教育展望，2021(3)：75-90.

雷云，杨欢. 走出"自我中心"的困境——论民族区域教师培训的普遍无效现象及其消除[J]. 四川师范大学学报（社会科学版），2016(4)：109-114.

李江，夏泽胜. "互联网＋"时代的教师培训：模式更新、价值证成与行动路径[J]. 教师教育研究，2020(4)：38-44.

朱旭东，宋萑. 论教师培训的核心要素[J]. 教师教育研究，2013(3)：1-8.

张二庆，王秀红. 我国教师培训中存在的主要问题及其分析——以"国培计划"为例[J]. 湖南师范大学教育科学学报，2012(4)：36-39.

陈向明. 跨界课例研究中的教师学习[J]. 教育学报，2020(2)：47-58.

叶浩生. 身体与学习：具身认知及其对传统教育观的挑战[J]. 教育研究，2015(4)：104-114.

翁伟斌. 教师培训走向何方——对教师培训的审视[J]. 上海师范大学学报(哲学社会科学版)，2020(3)：73-82.

杨玖，季春晓. 教师培训的教学特征分析与教学方式转型研究——基于30个培训课堂的教学行为分析[J]. 中小学教师培训，2019(5)：20-24.

潘海燕. 论教师的自我经验及其作用——基于中小学教师专业成长的科研转向[J]. 中国教育学刊. 2017(5)：95-99.

穆洪华. 我国公办小学教师培训存在的问题及对策——基于中国基础教育质量监测数据的研究分析[J]. 教师发展研究. 2018(1)：38-47.

王姣姣，武胜男，基于成人转化学习理论的教师培训方式改进策略[J]. 高等继续教育学报，2020(6)：48-52.

杜尚荣，王笑地. 基于教师专业成长实践性的中小学教师培训模式改革与创新[J]. 教育探索，2018(1)：86-88.

赵兴龙. 互联网时代乡村教师深度培训模式[J]. 电化教育研究，2018(4)：86-92.

李欢欢，黄瑾．"高素质善保教"幼儿教师培训模型之构建[J]．中国教育学刊，2019(2)：11-17.

舒尔曼．实践智慧：论教学、学习与学会教学[M]．王艳玲，王凯，毛齐明，等．译．上海：华东师范大学出版社，2014.

陈霞．以教师学习为中心的教师培训课程重构路向[J]．教育发展研究，2017(18)：58-64.

许芳杰．微认证在美国教师学习中的应用与推进策略[J]．外国教育研究，2020(10)：80-90.

汪维富，闫寒冰．面向开放学习成果的微认证：概念理解与运作体系[J]．电化教育研究，2020(1)：60-68.

裴淼，李肖艳．成人学习理论视角下的"教师学习"解读：回归教师的成人身份[J]．教师教育研究，2014(6)：16-21.

龙宝新．论教师专业成长的实践逻辑[J]．教育科学，2012(4)：41-46.

钟祖荣．中小学教师培训课程指导标准研制思想方法[J]．教育研究，2021(1)：138-146.

斯滕伯格，威廉姆斯．教育心理学[M]．北京：中国轻工业出版社，2003.

毛齐明，蔡宏武．教师学习机制的社会建构主义诠释[J]．华东师范大学学报(教育科学版)，2012(2)：19-25.

裴淼，靳伟，李肖艳，等．循证教师教育实践：内涵、价值和运行机制[J]．教师教育研究，2020(4)：1-8.

袁振国．教师培训的历史转型[J]．未来教育家，2016(12)：8-9.

朱旭东．论"国培计划"的价值重估——以构建区县教师教育新体系为目标[J]．云南师范大学学报(哲学社会科学版)，2019(3)：93-99.

李瑾瑜．从"培训者"到"培训师"——教师培训走向专业化的核心议题[N]．中国教师报，2022-03-26.

王淑莲．从整体搭建到分类发展：城乡教师共同体区域推进策略转换[J]．教育研究，2019(6)：145-151.

吴惠强. 全员培训背景下的县级进修学校培训能力分析——以浙江省 J 市为例[J]. 教育研究，2015(6)：145-150.

徐伯钧. 我国地方教师发展机构建设研究——基于江苏省的实践探索[J]. 中国教育学刊，2020(6)：56-62.

王志显. 新时代县级教师教育机构的发展与思考[J]. 中国教育学刊，2019(4)：53-56.

朱仲敏. 论区域教师发展支持系统的建设——基于上海市浦东新区的改革实践[J]. 中国教育学刊，2014(3)：18-21，62.

邵兴江，吴华. 区县教师进修学校的发展问题与改革路径[J]. 教育发展研究，2013(12)：58-62.